KB107021

봉하일기

2012년 1월 10일 초판 1쇄 발행
2020년 6월 5일 초판 3쇄 발행

지은이 노무현 외
엮은이 김경수
기획 노무현재단
진행 신미희 이송평
펴낸곳 부키(주)
펴낸이 박윤우
등록일 2012년 9월 27일 등록번호 제312-2012-000045호
주소 03785 서울 서대문구 신촌로3길 15 산성빌딩 6층
전화 02) 325-0846
팩스 02) 3141-4066
홈페이지 www.bookie.co.kr
이메일 webmaster@bookie.co.kr
제작대행 올인피앤비 bobys1@nate.com
ISBN 978-89-6051-192-7 03300

봉하일기

그곳에 가면 노무현이 있다

노무현 외 지음 · 김경수 엮음 · 노무현재단 기획

부·키

'바보 노무현'의 뒤를 잇는 사람들

문재인(노무현재단 이사장)

봉하마을은 작은 시골 마을이다. 마을 입구에서 대통령 사저까지 달리면 1분도 걸리지 않는 거리다. 예전에는 흔히 '깡촌'이라고 부르던 곳이다. 노무현 대통령은 퇴임 후에도 지역 균형 발전과 지역주의 극복에 보탬이 되고자 고향인 그곳으로 귀향했다. '봉하 농군'이 된 대통령은 마을 주민들과 쓰레기를 줍고, 뒷산을 청소하고, 심각한 오염으로 몸살을 앓고 있던 화포천 살리기에도 적극 나섰다.

전직 대통령의 귀향 이후 봉하마을에는 하루에 수천 명씩 방문객이 찾아왔다. 대통령은 한나절에도 몇 차례씩 방문객들에게 인사를 해야 했다. 얼굴이 많이 탔는데, 방문객들과 일일이 사진을 찍으며 역광이 되지 않도록 해를 정면으로 보고 포즈를 취하다 그리되었다. 대통령은 몸은 피곤했을지 모르지만 그 어느 때보다 마음이 참 편해 보였다.

대통령은 봉하를 친환경 생태 마을로 만들려고 한 걸음씩 나아가면서, 방문객들과 대화하기를 즐거워했다. 특히 봉하를 찾은 아이들과는 우스

갯소리를 해 가며 손자 손녀를 대하듯 귀여워했고 그때의 표정은 너무 환했다. 대통령은 한편으론 전국에서 찾아오는 방문객들이 볼거리도 없는 시골 마을을 찾아온다며 미안해했고, 다른 한편으론 장군차도 심고 꽃나무도 심겠으니 내년에 다시 한 번 찾아 달라는 말도 했다.

방문객들은 한결같이 노 대통령에게 그동안 고생이 많았다거나 고향에 잘 내려왔다고 성원을 아끼지 않았다. 대통령도 방문객들도 그렇게 행복했다. 참여정부를 마친 후 나도 세상과 거리를 두고 조용하게 살고 싶어 양산의 시골에 내려왔지만, 대통령도 봉하에서 그동안 스스로에게 지웠던 큰 짐들을 내려놓고 이제는 하고 싶은 일을 마음껏 하면서 지내시길 바랐다.

대통령은 소박한 농군이지만 전직 대통령으로서 나라에 보탬이 될 수 있는 일도 구상했다. 그래서 〈민주주의 2.0〉 사이트를 개설했다. 시민들이 참여해서 우리 사회가 나아갈 민주주의와 진보적 담론을 놓고 토론하는 공간을 만들고자 했다. 대통령의 기대만큼 성과를 내지는 못했다. 요즘처럼 트위터나 페이스북이 있었으면 어땠을까? 아마 가장 인기 있는 트위터가 되었을 것이다.

대통령에게 봉하는 퇴임 후 다시 찾은 봄날이었다. 그곳에 가면 따뜻하고 정겨운 전직 대통령을 볼 수 있었다. 항상 따뜻한 시선으로 세상을 보려고 했던 그분의 시선을 그곳에서만큼은 있는 그대로 온전히 느낄 수 있었다. 국민들도 그 누구도 상상하지 못했던 대통령 출신의 농군을 좋아했다.

그러나 국민들이 땀과 노력으로 하나씩 쌓아 올린 민주주의를 일거에 후퇴시킨 세력들의 검은 그림자가 봉하를 덮쳤다. 대통령은 그렇듯 황망하게 우리 곁을 떠났다. 그 비통함은 참으로 감내하기 어려운 것이었다. 하지만 많은 국민들이 슬픔을 함께해 주시면서 아픔을 딛고 봉하는 다시 노무현을 오롯이 만날 수 있는 공간이 되었다. 많을 때는 하루에도 수만 명이, 1년에 200만 명이 넘는 이들이 봉하를 방문한다.

대통령이 봉하에서 하고자 했던 친환경 생태 마을 만들기의 꿈도 여전히 이어지면서 구체화되고 있다. 생태 환경 농업은 봉하는 물론 인근 마을까지 참여할 정도로 자리를 잡아 간다. 봉하마을을 둘러싼 봉화산과 화포천은 그동안 훼손되었던 부분들이 복원되면서 '대통령의 길'까지 생겨 찾는 이들에게 경이로운 자연의 생명력을 전해 준다.

봉하는 이제 우리에게 아련한 추억으로 남은 것이 아니라 미래를 향해 나아가고 있다. 그런 점에서 노 대통령의 귀향 후 기록인 '봉하일기'는 너무나 소중한 내용이다. 노무현 대통령이 왜 봉하로 귀향을 했으며, 그분이 무슨 꿈을 꾸었는지 생생하게 다가설 수 있게 해 준다.

퇴임 후 고향에서 농부의 삶을 살면서 살기 좋은 농촌을 만들고자 했던 대통령의 꿈을 담은 봉하일기에는 많은 분이 등장한다. 마을과 화포천 청소부터 농사까지 모든 일에 도움을 준 자원봉사자들, 처음으로 농사일을 하면서 봉하를 친환경 생태 마을로 만들겠다고 팔을 걷어붙인 옛 청와대 참모들, 또 보이지 않는 곳에서 후원해 준 분들까지. 한 분 한 분의 도움과 노력이 없었다면 봉하가 여기까지 오기 힘들었을 것이다. 정말 감사드린다.

특히 퇴임 후에도 대통령을 끝까지 모시며 어려운 일들을 마다하지 않고, 그 바쁜 와중에도 봉하일기를 잘 정리해서 펴낼 수 있게 해 준 김경수 전 비서관에게 고맙다는 말을 하고 싶다.

김경수 비서관은 청와대에서 자주 봤지만 실제로 일로 만난 것은 봉하에서다. 대통령의 귀향부터 서거까지, 그리고 서거 후 오늘에 이르기까지 여러 어려움이 많았는데 김경수 비서관의 사려 깊고 침착한 일 처리가 정말 큰 도움이 되었다. 최근에는 봉하재단을 포함한 대통령 기념사업까지 함께했다. 권양숙 여사도 그를 많이 의지한다. 김경수 비서관이 없는 봉하는 잘 상상이 되지 않는다. 그가 있으면 한마디로 안심이 되고 마음을 놓을 수 있다. 이렇듯 김경수 비서관을 비롯해서 많은 사람들이 '사람사는 세상'을 만들기 위해 노력하면서 '바보 노무현'의 뒤를 잇고 있기 때문에 노 대통령도 마음 든든할 것이라고 생각한다.

이제 그동안 경황이 없어서 미뤄 두었던 봉하일기를 펴낸다. 봉하의 현재와 미래의 이야기는 아마도 멀지 않은 장래에 '봉하일기 2'로 출간되리라. 노무현을 닮은 또 다른 노무현들의 이야기가 어떻게 펼쳐질지 벌써부터 설렌다. 대통령도 하늘에서 우리를 지켜보며 한마디 하실 것 같다. "정말 기분 좋다."

봉하일기를 펴내며

김경수(노무현 전 대통령 비서관·청와대 전 연설기획비서관)

　　　　　퇴임한 대통령의 비서관으로 내 인생에서 가장 행복했던 시절의 기록인 '봉하일기'를 모아 책으로 펴낸다. 봉하일기는 귀향 첫날 환영 나온 인파를 향해 "야, 기분 좋~다!"고 맘껏 외치던 노무현 대통령의 목소리가 곳곳에 녹아 있는 기록이다.

　시골 고향 마을로 귀향한 전직 대통령의 모습을 사진이나 영상만으로는 모두 담아내기 어려웠다. 그 장면 하나하나에 숨어 있는 이야기, 노무현 대통령의 마음속에 있는 이야기를 전하고 싶었다. 대통령의 평소 생각과 말씀, 비서진 및 동네 주민들과 함께 어울려 살아가는 '땀내 배인 이야기'를 보여 주고 싶었다. 봉하일기는 그렇게 시작되었다.

　봉하로 내려온 지 보름 되는 날, 마을 주민들과 첫 상견례를 한 대통령의 모습부터 담기 시작한 봉하일기는 봄, 여름, 가을을 거쳐 봉하 오리쌀 이야기까지 227일간의 기록을 16회에 걸쳐 정리했다.

　첫 편은 내가 썼지만 그 이후에는 참여정부 홍보수석실의 내로라하는

'글쟁이'들이 돌아가며 봉하를 찾아와 일기를 썼다. 매일매일 정신없이 바삐 돌아가는 봉하의 비서진을 생각한 옛 동료들의 작은 배려였다.

시골로 귀향한 대통령이 어떻게 지내는지 사람들은 무척 궁금했던 모양이다. 봉하일기가 대통령의 홈페이지 〈사람사는 세상〉에 게시되는 날에는 수백 개의 댓글이 달리고, 조회 수가 10만 회를 훌쩍 넘어가는 경우도 있었다.

봉하일기에서는 수많은 노무현을 만날 수 있다.

"대통령님, 나와 주세요!" 봉하마을을 찾은 방문객들의 간절한 외침을 차마 외면하지 못해 많게는 하루에 열한 번씩이나 나와서 인사하던 마음 약한 노무현이 있다.

많은 이들의 가슴 속에 아련한 기억으로 남아 있는, 자전거 뒤에 수레를 달아 손녀를 태우고 유유히 휘파람 불며 산책을 다니던 할아버지 노무현의 모습도 있다.

쓰레기로 망가진 봉화산과 화포천, 봉하 들판을 보며 속 썩이다 결국 목장갑 끼고 장화 신고 잡동사니들을 손수 치우던 일꾼 노무현도 있다.

오리 농법이 힘들어 못 하겠다는 마을 주민에게 "내가 다 해 주겠다."며 설득해 기어이 봉하 들판을 친환경 농업 단지로 만들어 낸 농부 노무현도 있다.

시민의 한 사람으로 돌아와 시민민주주의의 발전에 조금이라도 보탬이 되고 싶다며 인터넷 토론 사이트를 개발하기 위해 골몰하던 시민 노무현도 만날 수 있다.

봉하일기는 그 수많은 노무현들이 남긴 이야기이다.

대통령은 늘 우리에게 "기록은 역사"라며 봉하마을이 하나씩 변해 나가는 모습을 사진이나 영상, 자료로 모두 남기자고 했다. 봉하를 '아름답고 살기 좋은 농촌 마을'의 모델로 만들어 다른 지역으로 확산시키고 싶어 했던 그분의 원대한 구상이 봉하일기 속에 '역사적 기록'으로 남아 있다.

대통령과 함께 만들어 가는 행복한 이야기들로 채워지던 봉하일기는 2008년 10월 말 봉하 오리쌀 추수 소식을 전하는 글을 마지막으로 중단되었다. 12월 5일 대통령은 "따뜻해지면 다시 인사드리러 나오겠다."라는 약속을 남기고 방문객들과 마지막 인사를 나누었다. 그리고 얼마 후 우리 곁을 떠났다. 봉하일기도 함께 우리 기억 속에서 조금씩 지워져 갔고, 꼬박 3년을 잠들어 있었다.

이제 봉하일기를 다시 깨우려 한다. 비록 대통령은 우리 곁에 없지만 봉하에 심은 대통령의 꿈이 무럭무럭 자라고 있기 때문이다. '아름답고 살기 좋은 농촌 마을'을 만들고 싶었던 대통령, 시민의 한 사람으로 깨어 있는 시민들과 함께 시민민주주의의 보루를 만들고 싶었던 대통령, 그 꿈들이 지금 봉하에서 싹을 틔우고 잎을 피워 올려 아름드리 나무로 자라고 있다.

살기 좋은 마을을 위해 시작한 친환경 농사는 '영농법인 봉하마을'을 중심으로 올해로 4년째 계속되고 있고, 면적도 첫해보다 20배 가까이 늘었다. 영농법인 봉하마을은 대통령과 함께 봉하로 내려와 생전 처음 농사를 짓기 시작한 김정호 전 청와대 비서관이 대표를 맡고 있다.

'아름다운 봉하마을'을 만들기 위해 노무현재단과 봉하재단은 김해시와 공동으로 봉하마을 중장기 마스터플랜을 세웠다. 마을 가꾸기는 더디 가고 있다. 유홍준 전 문화재청장이 위원장을 맡은 '봉하마을 공간조성위원회'에서 각계 전문가들이 하나씩 하나씩 조심스럽게 일을 추진해 가고 있기 때문이다. 더디 가는 길이라 오히려 더 믿음이 간다.

봉하마을의 대통령 기념 시설은 묘역과 생가, 추모의 집이 있다. 노무현재단에서는 묘역 주변과 봉화산에 추모 공원을 만들고 대통령 기념도서관도 봉하에 세우기로 했다.

그 밖에도 다양한 프로그램을 통해 봉하를 그냥 들렀다 가는 곳이 아니라 대통령의 가치와 철학을 배우고 깨어 있는 시민으로 다시 태어날 수 있는 시민민주주의의 보루로 만들어 가려 한다.

봉하에서 만들어지고 있는 많은 이야기들을 다시 봉하일기로 담아내고자 한다. 〈사람사는 세상〉 홈페이지가 새로 단장되는 대로 봉하에서 이루어지고 있는 수많은 이야기들을 함께 나눌 수 있게 될 것이다.

이 책에는 16편의 봉하일기와 함께 대통령이 홈페이지에 올린 글, 봉하마을을 찾은 방문객들과 나눈 이야기도 '노짱의 편지'로 담았다. 이 글들은 대통령의 목소리를 생생히 전하고자 어법에 다소 맞지 않는 부분도 가급적 손대지 않고 그대로 두었다. 봉하일기가 중단된 이후 조금씩 바뀌어 가고 있는 봉하마을의 어제와 오늘, 내일의 모습은 '봉하 그 후'에서 확인할 수 있다.

봉하일기는 애틋한 추억이 담겨 있는 가슴 아픈 이야기다. 그러나 봉하는 슬픔을 딛고 다시 아름다운 이야기를 만들어 가고 있다. 봉하에 오면 성큼성큼 자라고 있는 '노무현의 꿈과 희망'을 만날 수 있다. 이 책이 그 수많은 아름다운 이야기들의 새로운 시작이 되기를 바란다.

차례

안녕하세요 노무현입니다

홈페이지 〈사람사는 세상〉 (2008. 2. 29.)

안녕하세요? 노무현입니다.
1만 개가 넘는 글을 보고 이제야 편지를 씁니다.

시간 나는 대로 이곳에 들어와 열심히 보고는 있지만
그동안 답장 못해서 미안합니다.

집 청소하고 짐 정리하느라고 정신이 없었습니다.
짐들 정돈하느라 한 손에는 이삿짐 들고 한 손에는 걸레 들고
바쁘게 움직이고 있습니다.

동네 사람들과 인사도 나누어야 하고,
환영식 때 수고했던 분들에게 감사 인사도 드려야 하고,
할 일이 많은데 당장은 집안 정리하느라 겨를이 없습니다.

그리고 3월에는 이 홈페이지도 주제를 놓고
서로 활발하게 대화를 나눌 수 있는
시스템으로 바꾸려고 합니다.

이런 일로 바쁠 것 같기는 합니다만
틈틈이 소식을 전하겠습니다.
건강하세요.

대통령이 홈페이지에 올린 첫 번째 글이다. 이후 대통령은 틈나는 대로 홈페이지에 글을 써 회원들과 소
통하고자 애썼다. 그런데 이게 만만한 일이 아니었다. 반복되는 방문객 인사로 짧은 글을 하나 완성하는
데도 적잖은 시간이 걸렸다. 한 줄 쓰고 인사를 다녀오고, 또 한 줄 쓰고 손님 맞고. 그러다 보니 의도대
로 글을 완성하지 못하는 경우도 적지 않았다. 이처럼 바쁜 일상이었지만 대통령은 이렇게 글을 쓰는 것
을 '생활 속의 작은 기쁨'으로 생각했다. 돌이켜 보면 가장 행복했던 날들이었다.

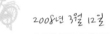

2008년 3월 12일

봉하마을에 전입신고 드립니다

김경수 • 노무현 전 대통령 비서관 • 청와대 전 연설기획비서관

봉하로 내려온 지 보름이 지났습니다. 오늘도 여느 날처럼 아침 9시 15분부터 한 시간 가까이 대통령과 비서진들이 사저에서 아침회의를 했습니다. 내일부터는 9시에 하기로 했습니다. 청와대에 있을 때는 매일 아침 8시 반에 했던 회의입니다. 30분의 여유, 대통령의 퇴임이 비서들에게 준 작은 선물입니다.

주민들과의 첫 상견례

오전 11시, 봉하마을 복지관 개관식에 참석했습니다. 오늘은 대통령이 처음으로 참석하는 마을 행사라 그런지 취재진이 더 북적였습니다. 봉하마을 복지관이 산뜻한 모습으로 처음 열리는 자리, 김해시장을 비롯해 인근 마을 이장과 주민 등 100여 명이 참석했습니다.

대통령 내외분이 귀향 이후 마을 주민들과 처음으로 상견례를 하는 자리이기도 합니다. 그동안 몇몇 주민들은 오가며 만났지만 이렇게 한꺼번에 인사드리는 건 처음입니다.

대통령은 인사를 겸해 오늘 행사에 쓰라고 돼지 두 마리를 냈습니다. 귀향하는 날, 주민들은 2만 명이 넘게 찾아온 환영 인파를 마을을 찾아온 손님이라며 일일이 국밥을 대접했습니다. 더구나 그날 이후 하루에 수천 명씩 밀려드는 방문객으로 인해 마을 주민들의 생활이 이만저만 불편한 게 아닙니다. 대통령이 낸 돼지 두 마리에는 그런 마을 분들에 대한 고마운 마음과 미안한 마음이 함께 담겨 있었습니다.

마을 이장의 사회로 행사가 시작됐습니다. 김해시장의 축사가 끝나자 대통령이 연단으로 나갔습니다. 직접 마이크를 움직여 높이를 맞춥니다. "우리 시장님이 키가 너무 커서…." 대통령의 가벼운 유머가 행사장 분위기를 훈훈하게 만듭니다. 축사가 이어집니다.

"살기 좋은 농촌을 만들고 싶습니다"

"고향 돌아온다고 난리를 쳐 놓고 실제로 어르신들 모시고 인사 드리는 건 처음 같습니다. 한 분 한 분 찾아뵙고 인사를 드리는 게 좋겠다고 생각했는데, 그동안 집 정리로 바쁘기도 했고 손님들도 많이 찾아와서 갇혀

살았습니다. 이 자리에서 정식으로 봉하마을에 전입신고 드립니다. (중략)

그동안 대통령으로 정책을 만들면서 우리나라 농촌을 다시 살기 좋은 농촌으로, 특히 나이 드신 분들이 살기 좋은 농촌으로 가꿀 방법이 없을까 여러 생각을 했습니다. 실제로 그런 제도도 많이 만들고 예산도 많이 편성해 놓았습니다. 그런데 돈을 요령 있게 쓸 수 있는 마을의 젊은 인적 자원이 부족해서, 사업을 구상하고 성과를 만들어 낼 역량이 마을에 존재하지 않아서 어려움을 많이 겪었습니다. 그래서 예산 낭비가 생길 수 있다는 걱정을 하면서도, 그렇게 엄밀하게만 따지면 농촌에 예산이 한 푼도 갈 수가 없기 때문에 도시하고는 다른 기준으로 지원하자는 취지로 농촌 예산을 많이 편성해 놓았는데, 그게 참 쉽지 않은 것 같습니다. 정책 자체에는 그런 뜻을 담았습니다만, 그런 정책이 아니라도 제가 살 고향이니까 아름답고 살기 좋으면 좋겠습니다.

오시는 손님들이 마을에 도움이 되게 하려면 우리 마을 스스로도 준비해야 될 일이 많이 있습니다. 예를 들면, 조금 전에 맛있는 밤을 팔고 있어서 먹어 봤는데 중국에서 수입한 밤이더라고요. 오신 손님들이 쑥도 사 가고 무말랭이도 사 가는데, 무말랭이가 여기 생산품이 아니고 우리나라 생산품도 아니라면 사 가는 사람이 다시는 와 보고 싶지 않을 수도 있습니다.

이런 것들을 어떻게 극복해 갈까 걱정을 하다 보면 저도 이런저런 말을 하게 되는데, 도시에 살면서 대통령 하던 사람이 글만 보고 익힌 지식을 가지고 여기 와서 적용해 보자고 하면 동네 사시던 분들, 동네 청년들이 얼마나 답답하겠습니까? 그래서 저도 그런 문제에 대해 되도록 입을 다물고, 제 생각대로 무슨 일을 자꾸만 하자고 앞장서서 내밀고 이끌고 그럴 생각은 없습니다. 되도록 여러분 뜻을 존중하고 여러분에게 불편 드리지 않고 부담 드리지 않으면서도 우리 마을이 더 좋은 마을로 계속 발전해 가면 좋겠습니다.

여러분 의견을 듣고 뒤에서 도울 일이 있으면 돕겠습니다. 물러났더라도 대통령 하던 사람 아닙니까? 저도 아는 공무원들 많습니다.(웃음) 제가 공무원들에게 일은 독하게 시켰지만 구박을 별로 안 해서 아쉬운 일 있으면 법적으로 안 되는 것 말고는 도와줄 수도 있지 않겠습니까? 실제로 그런 일이 얼마나 있을지 모르겠습니다만. 동네 발전에 도움이 된다 싶으면 주민들이 받아들일 수 있는 만큼 필요한 외부 자본도 동원하고, 여러 가지 노력을 해 보려고 합니다. 여러분이 좋은 의견들을 모아 주십시오. 저도 자주 나와서 소통하겠습니다.

젊은 사람들이 미래를 멀리 보고 갈 수 있는 마을이 되면 좋겠습니다. 또 어르신들이 편안하게 살면서 노후를 건강히 보낼 수 있는 마을이 되었으면 좋겠습니다. 이웃 마을 어르신들도 잘 모시도록 하겠습니다. 자주 와 주십시오. 감사합니다."

돼지고기 수육으로 마을 잔치에 한턱

 축사가 끝난 후 참석자들과 함께 복지관 내부를 돌아보았습니다. 대통령은 체력단련실 러닝머신 위에 직접 올라가 작동시켜 보더니 '바닥이 너무 높아 어르신들이 낙상하시지는 않을지' 벌써부터 걱정입니다. 2층 미니도서관에 들러 보니 책장에 책이 별로 없는 것이 눈에 띕니다. 집에 있는 책을 정리해서 내놓고 싶은데 지금은 집 정리할 일손이 없어 추리지를 못하고 있다며 안타까워했습니다. 건물 옥상이 시멘트 바닥으로 되어 있는 것을 보고는 "여름이 되면 더워질 텐데, 그 위에 흙을 깔고 잔디 옥상 같은 것을 조성하면 어떻겠느냐?"며 아이디어를 내놓았습니다.

 복지관을 둘러보고 나오자 바깥에서 행사 시작 전부터 대통령과 사진 한 장 찍겠다고 기다렸던 꼬마 친구들이 한달음에 달려옵니다. 부산 도담 어린이집에서 온 아이들입니다. 봉하마을 봄나들이에 맞춘 양 노란 유니폼을 입은 모습이 앙증맞습니다. 사진을 찍고 나서 어린이들이 직접 만든 '노무현 대통령 할아버지께' 보내는 하트 모양의 편지 모음집을 선물로 받았습니다. 대통령 계신 곳에 온다고 준비해 온 선물이랍니다.

 오늘은 마을 주민들과 함께 점심을 먹기로 했습니다. 복지관 바로 앞에 있는 옛날 마을 회관에서 대통령이 한턱 낸 돼지로 만든 수육과 국밥으로 점심을 먹었습니다. 대통령이 낸 고기라 더 맛있다는 둥 오랜만에 대통령과 자리를 함께한 주민들의 덕담이 끊이질 않습니다. 대통령 재임 기간에 이래저래 마음고생이 많았던 마을 주민들은 대통령과 함께하는 한 끼 점심만으로도 그간의 마음고생이 눈 녹듯 녹아내리는 것 같습니다.

오찬을 마치고 사저로 돌아가는 길에 마을을 찾은 방문객들과 일일이 악수하고 사진을 찍었습니다. 일명 '봉하찍사' 문용욱 비서관이 열심히 셔터를 눌러 댑니다. 이렇게 찍은 사진을 대통령이 퇴임하면서 만든 홈페이지 〈사람사는 세상〉에 있는 '봉하사진관'에 올려놓습니다. 그럼 누구나 자기 사진을 찾아서 파일로 내려받을 수 있습니다. '봉하찍사'는 홈페이지에서 봉하사진관을 최고의 인기 코너로 만든 일등 공신입니다.

빨간 목장갑 끼고 낫질하는 '농부의 아들'

오후 2시. 마을 주민 20여 명과 함께 마을 뒷산 쓰레기 청소에 나섰습니다. 대통령은 지난 6일에도 화포천 일대에서 쓰레기를 치웠습니다. 그날은 자원봉사자들과 김해시 공무원들이 함께했는데, 오늘은 온전히 봉하마을 주민들만의 행사였습니다. 우리 마을은 우리 손으로 가꾸어 나가자는 대통령의 제안에 주민들이 흔쾌히 동참한 것입니다. 마을 이장은 이른 아침부터 확성기 꽤나 틀어 댔습니다. "주민 여러분, 오늘은 마을 뒷산 청소하는 날입니다."

마을 바로 뒤쪽에 있는, 오래 묵어서 쓸모없게 된 단감나무 과수원에서 청소를 시작했습니다. 오래 돌보지 않은 과수원이라 나무마다 넝쿨로 뒤덮여 사람이 지나갈 틈도 없습니다. 봉하마을이 있는 진영읍은 예로부터 '진영 단감'이 유명한 곳입니다. 그런데 최근 단감값이 너무 떨어져 수지가 맞지 않자 이처럼 단감 농사를 포기하는 농가가 속출하고 있다고 합니다. 대통령이 낫을 들고 앞장섰습니다. 사람들이 다니는 길을 막고 있는 망개나무 덩굴과 삐죽삐죽 삐져나온 잔가지들을 척척 쳐 나갔습니다. 낫질 솜씨가 예사롭지 않습니다. 가난한 농부의 아들로 태어난 대통령의 이력이 배어 있는 능숙한 낫질입니다. 대통령은 며칠 전부터 비서진에게 낫과 톱, 큰 전정가위 등을 준비시켰습니다. 어린 시절 신나게 뛰어놀던

뒷산 등산로가 아무렇게나 자란 풀과 나무로 막혀 있는 걸 보고 내린 지시입니다. 오늘 마을 사람들과 함께 청소할 곳을 뒷산으로 선택한 이유이기도 합니다. 준비해 온 낫이 썩 마음에 드는 눈치입니다. "낫 참 잘 드네. 요즘 쇠 다루는 기술이 엄청 좋아졌어."

기자들은 여기까지 쫓아와서 '낫을 든 대통령' 모습을 카메라에 담느라 여념이 없습니다. 대통령은 며칠 전에 청소하는 사진 나갔는데 또 뭘 찍느냐며 그만 찍자고 해도 취재진은 아랑곳하지 않습니다. 봉하마을로 내려온 뒤 대통령이 바깥으로 나올 때마다 좀 더 가까이서 취재하려는 기자들과 대통령을 보호해야 하는 경호관들 사이에서 작은 전쟁이 벌어집니다. 오늘도 예외는 아닙니다.

오후 3시 20분. 뒷산 청소를 마치고 사저로 돌아왔습니다. 사저 앞에는 이미 200명이 넘는 방문객들이 진을 치고 기다리고 있습니다. 빨간 목장갑을 끼고 한 손에 낫을 든 대통령의 모습에 사람들은 아낌없는 박수와 환호를 보냅니다. 대통령은 어디서 오셨느냐고 묻고는, 멀리서 왔는데 보여 줄 게 없다고 무척 미안해했습니다. 내년에는 장군차도 심고 꽃나무도 가꾸고 해서 볼거리를 많이 만들어 놓겠다고 약속합니다. 미안해하는 대통령의 뒤에서 또 '봉하찍사'가 열심히 카메라 셔터를 누릅니다. 이렇게 찍은 사진이 봉하마을을 찾은 사람들에게는 소중한 추억이 되는 모양입니다. 홈페이지의 봉하사진관은 사진을 내려받으려는 사람들로 연일 북새통입니다.

사이트 개발까지 진두지휘… 하루가 또 저물고

땀을 잠시 식힌 뒤 사저에서는 곧바로 〈민주주의 2.0〉 사이트 개발 회의가 열렸습니다. 인터넷상에서 깊이 있는 토론을 할 수 있도록 만드는 이 사이트는 대통령이 개발을 직접 진두지휘하고 있습니다. 대통령이 구상하는 대로 완성되려면 앞으로 몇 개월은 족히 더 걸릴 것 같습니다. 오늘은 3월 말에 1차로 내놓을 베타 버전을 보고받고 논의하는 회의였습니다.

오후 3시 40분경 시작한 회의는 6시 반을 넘기고서 겨우 끝이 났습니다. 사이트의 페이지를 모두 꼼꼼하게 검토하고 개선해야 할 사항을 일일이 지적하다 보니 세 시간 가까이 걸린 겁니다. 청와대의 업무 관리 시스템인 '이지원(e知園)'도 이런 과정을 거쳐서 만들어졌습니다. 이지원 개발 당시 격무로 인한 과로를 걱정하는 참모들에게 "이건 내 취미 활동이니 걱정 마라."고 했던 대통령입니다. 오늘도 회의가 막바지로 갈수록 대통령은 생기가 돌아오는데, 대통령보다 훨씬 젊은 다른 참석자들은 지쳐 보였습니다. 회의를 마치면서 베타 버전을 시험적으로 가동할 테스트 팀을 구성해 직접 사용해 보면서 사이트를 완성해 나가기로 했습니다. 매번 참석자들이 서울에서 내려오기 어려우니 다음 회의는 화상 원격 회의로 진행하기로 했습니다.

　오후 6시 35분. 대통령은 찾아온 친지들과 저녁 식사를 함께했습니다. 그렇게 고향에 내려온 대통령의 하루가, 몸은 힘들지만 마음은 편안한 하루가 또 저물어 갑니다. 대통령의 일정표에는 내일도 부산에서 찾아오는 자원봉사자들과 함께 마을 청소를 한다고 적혀 있습니다.

봉하에서 띄우는 두 번째 편지

홈페이지 〈사람사는 세상〉 (2008. 3. 3.)

여러분, 안녕하십니까?

불러 놓고 보니 호칭이 어중간하다 싶네요. 앞으로 어떻게 불러야 할지 좀 더 연구해 봐야 할 것 같습니다.

홈페이지가 너무 빈약하고 불편해서 미안합니다. 하루빨리 개선하도록 하겠습니다. 개선된 사이트는 사회적으로 중요한 의제를 놓고 여러 사람이 서로 질문하고, 의견을 말하고, 자료를 올리고, 연구까지 공동으로 하는 방법을 채택하려고 합니다. 웹 2.0 개념으로 해 보자는 것이지요. 3월 중으로 열기 위해 준비하고 있습니다. 많은 참여를 기대합니다.

지난 25일 다녀가신 분들 말고, 26일 화요일 이후 이곳을 다녀가신 분들이 2만 명을 넘었습니다. 종일 저희 집 대문 앞에서 제게 나오라고 소리를 치십니다. 한 번씩 현관에 나가서 손을 흔들어 봅니다만 그분들도 저도 감질나고 아쉽기만 합니다.

토요일에는 나가서 악수도 하고 사진도 찍어 보려고 시도해 보았습니다. 그런데 그만 뒤엉켜서 엉망이 되어 버렸습니다. 그래서 꾀를 내 둑길을 따라 화포천까지 걸었습니다. 둑길을 걸으면서 사람들을 분산시켜 도중에 손도 잡고 사진도 찍어 보자는 계산이었습니다. 도중에 몇 번 시도해 보았지만 엉키는 것을 막을 수 없었습니다. 결국 화포천까지 가서야 끝까지 함께 오신 몇 분과 사진을 찍을 수 있었습니다. 돌아오는 들판 길에서 다시 새로 오신 분들과 만남을 시도해 보았으나 역시 사람이 넘쳐서 인사를 포기하고 그만 도망(?)치고 말았습니다.

일요일은 아침 마실을 나갔다가 일찍부터 오시는 분들이 많아서 결국 쫓겨(?) 들어왔습니다. 오후에는 봉화산으로 도망(?)을 갔습니다. 봉화산 정상에 올라가서 마을을 내려다보고 손을 흔들어 손님들과 인사를 나누었습니다. 얼굴도 알아볼 수 없고 소리쳐도 들리지 않는 거리에서도 서로 인사가 통하는 것 같아서 기분이 좋았습니다. 내려오는 길에는 산까지 올라오는 분들이 있어서 손도 잡고 사진도 찍었습니다.

사진 찍는 것이 큰일이었습니다. 일일이 주소를 적을 수도 없고, 적는다고 다 보내 주는 일도 쉽지 않아서 그렇게는 하지 않기로 했습니다. 또 꾀를 낸 것이, 손님이 가져오신 사진기로 사진을 찍어 드리는 방법이었는데 이것도 해 보니 시간이 너무 많이 걸리는 데다가 사진기를 가지고 오지 않은 분들도 많아서 그 또한 해결책이 아니었습니다. 그래서 우리 사진기로 찍고 나중에 홈페이지에 올려놓기로 했습니다. 어르신들도 계신데 홈페이지에서 사진을 내려받을 수 있을지 걱정이 되었습니다만 "할 수 있다. 아이들한테 말하면 된다." 하셨습니다. 힘들지만 고마움과 미안함, 그리고 기쁨이 가득한 며칠이었습니다.

그러나 마음이 상하는 일도 있었습니다. 가는 곳마다 물에 떠내려 온 쓰레기, 누가 몰래 갖다 버린 쓰레기가 가득했습니다. 그 중에서도 화포천의 쓰레기와 오염은 참 가슴이 아팠습니다. 제 어린 시절에는 하늘이 새까맣게 철새들이 날아들던 곳입니다. 개발 시대에 버려진 한국 농촌의 모습, 농민 스스로의 마음에서도 버림을 받은 농촌의 모습을 보는 것 같아서 마음이 아픕니다. 그동안 대통령은 무엇을 했을까? 자꾸만 부끄러워집니다.

산골짜기, 개울에 널려 있는 쓰레기들은 우선 마을 사람들과 의논해서 치우려고 합니다. 화포천은 김해시와 정부가 나서야 하는 일입니다. 이 일도 이미 의논을 하고 있습니다. 문제는 지역에 사는 분들입니다. 쓰레기나 오염 물질을 버리기만 하고 치우지 않는 것이 문제입니다.

새마을운동을 다시 하자고 해 볼까 싶습니다. 새마을운동이라는 이름에는 부정적인 기억이 남아 있는 것이 사실이지만 우리 농촌의 환경을 되살리는 데는 효과적인 방법이 아닐까 생각합니다. 저는 그동안 새마을 조직을 보면서 부정적인 역사의 유물이라 하여 쓸모가 있는 것까지 모두 지워 버리는 것이 꼭 좋은 일도, 가능한 일도 아니라는 생각을 해 왔습니다. 좀 더 생각을 해 보고 지역 사람들과 의논해 볼 생각입니다.

산에도 올라가 보았습니다. 산림녹화에 성공한 산들입니다. 그런데 그냥 빽빽하게 들어선 나무들, 그 아래를 꽉 채운 잡목들, 그리고 넝쿨들. 아무 쓸모도 없습니다. 숲은 햇빛이 차단되어 죽어가는 가지들로 엉켜 있고, 개울의 물은 말라 버리고, 온갖 소리를 내며 날아다니던 벌레들도 어디론가 가 버리고 없습니다. 나무와 넝쿨이 너무 빽빽하여 사람이 접근할 수도 없습니다. 산에 올라도 사방이 보이지 않습니다. 옛날에 풀, 꽃, 벌레 들과 다정하게 함께 뛰놀던 그 숲이 아닙니다. 어찌 우리 마을만의 이야기겠습니까?

마을 가까운 야산은 우리 아이들이 편하게 접근할 수 있고 풀, 벌레, 새, 들짐승의 생태계가 풍성하여 자연을 느끼고 학습할 수 있는, 그래서 누구라도 편안하게 걷고 휴식을 즐길 수 있는 숲으로 다시 가꾸면 좋을 것입니다.

이런저런 하고 싶은 일은 많은데 얼마나 할 수 있을지 걱정입니다.

여러분, 여러분을 어떻게 부를까요? 노사모 여러분? 친노 시민 여러분? 민주시민 여러분? 참여시민 여러분? 국민 여러분? 아니면 그냥 친구 여러분? 이것도 한번 의논해 봅시다.

안녕하시기 바랍니다.

그곳에 가면 그가 있다

양정철 ● 청와대 전 홍보기획비서관

밖이 또 시끌시끌합니다. 여러 사람의 고함이 뒤엉켜 있습니다. 조금 더 있어 보니 목소리를 모은 모양입니다. 이번엔 한목소리로 외치는 게 확연히 들립니다. "대통령님, 나와 주세요!" 몇 초 간격으로 반복됩니다.

고요한 집 안을 거듭 때리는 수백 명의 함성에 대통령은 어쩔 수 없이 자리에서 일어섭니다. 부인 권양숙 여사와 마주 앉아 막걸리에 파전을 곁들여 담소를 나누려던 토요일 오후의 한가로움은 그렇게 깨집니다.

대통령은 좀 지쳐 보입니다. 오늘만 벌써 몇 번째 되풀이되는 일인지 모릅니다. 너덧 명의 비서들과 함께 현관문을 나서자 수백 명이 환호를 합니다. 어림잡아 봐도 300명은 돼 보입니다.

지친 기색도 없이 대통령이 갑자기 뜁니다. 비서들도 따라 뜁니다. 청와대 생활 5년 동안 대통령이 뛰는 것은 상상하기 어려웠던 일이라 당황스럽습니다. 대통령이 한걸음에 곁으로 다가서자 인파가 환호를 합니다. 손을 흔들며 반가운 웃음을 짓자 환호는 절정에 달합니다.

"대통령님, 나와 주세요!"

잠잠해지기를 기다려 대통령이 인사합니다. "여러분 안녕하세요." 사람들도 제각각 소리를 높여 인사합니다. IT 선진국 국민답게 반 이상은 휴대폰으로 사진 찍기 바쁩니다. 대통령은 그들을 위해 포즈를 취해 줍니다. 인파에 둘러싸여 있으니 각도까지 바꿔 가며 '팬 서비스'를 합니다. 충분히 포즈를 취한 뒤 본격적으로 인사를 합니다.

"여러분 감사합니다. 감사하지만 한편으론 참 미안합니다. 멀리서들 오셨는데 제가 식사도 대접 못해 드리고 차도 한잔 못 드립니다. 이거 미안해서 어쩌죠?" 인사치레가 아니고 대통령의 표정엔 진심 어린 마음이 가득 배어 있습니다.

아, 그랬던 거군요. 대통령은 미안한 겁니다. 하루 몇 차례씩 '불려 나오고', 나와서 인사하고, 같이 대화하고, 포즈 취해 주고 하는 수고로움을 기꺼이 감당하는 게 다 미안해서 그런 것이었습니다. 점잖지 못하게 된 것도 그들에 대한 미안한 마음이 몸을 급하게 만든 것이었습니다.

"그런데 여기가요, 저 말고도 볼 데가 많습니다." 관광 안내 같은 기반

시설이 아직 부족하다 보니 볼거리를 못 보고 돌아가 혹시 실망하지는 않을까 걱정인 모양입니다. 괜스레 미안한 마음에 대통령은 짧게 주변 안내까지 합니다.

대통령과 좀 떨어져 있는 사람들은 목소리가 잘 안 들린다며 큰 소리로 "마이크를 써 달라."고 청합니다. 그러나 대통령은 "제 목소리와 여러분 목소리로 주거니 받거니 대화하고 싶어 마이크 안 쓸랍니다."라며 사양합니다. 그러다 보니 사람이 많을수록 좀 크게 말해야 합니다. 목이 아플 만도 합니다.

대통령의 인사말이 끝나면 질문이 쏟아집니다. "지내시기 괜찮냐?" "건강하시냐?" "뭘로 소일하시느냐?" "식사는 어떠하냐?" 등등 생활에 관한 걸 많이 묻습니다. 대통령은 일일이 근황을 설명하며 답합니다. 그리고 마무리 인사를 합니다. 박수가 쏟아집니다. 뒤돌아 들어가는 대통령이 보이지 않을 때까지 사람들의 환호는 계속됩니다. 대통령도 몇 번씩 돌아서서 손을 흔들고 목례를 하며 고마움을 표시합니다.

물론 이게 끝이 아닙니다. 대통령을 만나 뜻을 이룬 한 무더기의 방문객들이 빠져나가고 그 뒤로 몰려든 방문객들이 또 다시 한 무더기가 돼 대통령을 불러내면 같은 모습이 되풀이됩니다.

귀향 3주 만에 7만 명 방문

대통령이 고향으로 내려간 지 3주. 김해시 진영읍 봉하마을에서 매일 벌어지는 특이한 모습입니다. 그렇습니다. 진풍경.

대통령이 살고 있는 고향 마을은 그야말로 촌구석입니다. 그 시골까지, 그것도 퇴임한 대통령을 찾아 연일 수천 명의 방문객이 몰리는 것은 분명 진풍경입니다.

현지 경찰 추산으로는 3월 16일까지 다녀간 방문객(25일 귀향 행사 방문객 제외)이 7만 명에 이른다고 합니다. 하루 평균 3500명이 다녀간 셈입니다. 줄어들지도 않습니다. 3월 16일의 경우 하루에만 1만 명이 다녀갔습니다.

흥미로운 것은 방문객들의 연령과 지역이 아주 다양하다는 것입니다. 20대 연인부터 70대 어르신들까지 고루 분포돼 있습니다. 또 말 그대로 각지에서 옵니다. 인근 지역은 물론 경북, 호남, 충청, 강원, 수도권 등을 가리지 않습니다.

비서들은 물론 대통령도 예상치 못한 일입니다. 그러다 보니 당초 계획과 달리 차질을 빚는 일도 많습니다. 먼저 대통령 내외는 고향에서 조용하고 차분하게 보내려던 생활이 쉽지 않게 됐습니다. 분주합니다. 짐도 다 풀지 못했습니다.

비서들도 마찬가지입니다. 당초 서너 명이 현지에 상주하며 일을 도와

드리는 것으로 계획했지만, 인파가 몰리면서 처리해야 할 일이 한두 가지가 아닙니다. 대여섯 명의 자원봉사자가 객지 생활하며 온갖 잡무를 지원하고 있지만 그래도 일손이 딸립니다.

그러다 보니 몇 주 전까지 민정수석이던 분이 대통령과 사진 찍으려는 사람들 줄 세워 안내하고, 부속실장이던 분이 '전공'과 관계없이 사진사가 되어 버렸습니다. 경호관들조차 경호하랴, 줄 세우랴, 안내하랴, 홈페이지에서 사진 내려받는 방법 설명하랴, 함께 청소하랴 정신이 없습니다.

모두들 힘들지만 행복하게 봉사하고 있습니다. 그들을 힘나게 하는 것은 방문객들의 반응입니다. 그곳에 오려면 차로 짧게는 한두 시간, 길게는 대여섯 시간을 달려야 합니다. 주말이면 차량이 몰려 마을 입구까지 들어서는 데만도 30분 넘게 거북이 운행을 해야 합니다. 마을을 쭉 둘러보고 사저 앞에서 대통령을 만나기 위해선 또 몇십 분을 기다립니다. 대통령이 근처에 산책이나 등산을 나가 있으면 돌아올 때까지 몇 시간을 기다리는 사람들도 부지기수입니다.

논두렁에서 둑길에서 '희한한' 기념사진

그렇게 해서 만난 대통령. 그들은 진심 어린 격려와 다양한 성원의 말을 건넵니다. "수고하셨습니다." "고향에 잘 내려오셨습니다." "그동안 고생 많으셨습니다." "큰일 많이 하셨습니다." "이제 편히 쉬십시오." "직접 보니 너무 좋습니다." 등등.

물론 대통령이 답하기 민망한 인사도 있습니다. "다시 나오십시오." "저희 동네 한번 오십시오." "따로 만나 주십시오." 이럴 때 대통령은 그저 웃기만 합니다.

고향 특산물을 들고 오는 분들도 있습니다. 얼마 전엔 제주 근해에서 참치를 잡았다는 분이 직접 냉장 보관한 그놈을 차로 싣고 와 선물을 한 덕에 모두들 나눠 먹으며 봄꽃보다 밝은 웃음꽃이 피었습니다.

해프닝도 많습니다. 1만 명이 몰린 16일, 밀려드는 방문객들을 감당하기 어려워 대통령은 들판으로 산책을 나갔습니다. 집 앞에서 기다리던 인파 가운데 200~300명이 우 따라나섰습니다. 대통령은 미안해서 산책로 중간에 서서 가족별로 일일이 사진을 찍었습니다.

한 시간 가까이 둑길, 논길을 따라 산책을 마치고 집으로 방향을 돌리는데 500~600명의 방문객들이 논두렁에서 대통령을 기다리며 진을 치고 있습니다. 뙤약볕 아래서 한 시간 가까이 기다린 사람들입니다. 결국 줄을 세워 논길 한가운데에서 사진 촬영이 시작됐습니다. 희한한 기념사진입니다. 얼마 전까지 대통령을 지낸 분과 평범한 시민들의 논길 기념사진.

하지만 찍어도 찍어도 끝이 없습니다. 인파가 계속 몰려들어 이러다 날 샐 판입니다. 정중하게 양해를 구하지만 대통령을 놔 주지 않습니다. 그

날 대통령은 결국 경호관들이 준비하고 있던 자전거를 타고 논길을 따라
도망가야만 했습니다.

'노간지' 는 동네 아저씨 패션

인파가 몰리다 보니 불미스런 일도 있습니다. 소매치기가 등장하는가
하면, 외지 잡상인들이 몰려 주민들의 불만을 사기도 했습니다. 그러나
따뜻한 마음으로 대통령을 위로하고 격려하는 인파가 몰려드는 것에 힘
들다고 하는 사람은 없습니다. 대통령도 마찬가지입니다. 집 안에서는
피곤해 보이다가도 밖에 나서면 언제 그랬냐는 듯 사람들에게 웃는 모습
을 잃지 않습니다.

기다려 준 사람들에게 웃음을 선사하기 위해 스스럼없이 농담도 건넵니다. 왜 권 여사는 함께 나오시지 않느냐는 질문엔 "설거지하나 봐요." 혹은 "여자들은 화장하는 데 시간이 많이 걸리는데, 그러면 여러분이 더 기다려야 되잖아요." 같은 뜻밖의 대답을 하면 와 웃음이 터집니다. 어린 아이를 안아 달라고 했는데 정작 아이가 수줍어 얼굴을 돌리면 "야, 네가 노무현을 몰라보는구나." 합니다. 그래서 또 웃음이 터집니다. 적극적인 아이들에겐 "야, 너 대통령감이다. 배짱이 두둑하구나."라며 덕담을 아끼지 않습니다. 존경하는 대통령을 보여 주고 싶다며 아이를 데리고 오는 이들이 많아, 대통령은 아이들을 각별히 챙깁니다.

3주 만에 만난 대통령은 얼굴이 많이 탔습니다. 이유인즉슨 하루 한두 시간 가까이 수백 명의 방문객들과 일일이 사진을 찍는데, 세심한 대통령이 역광(逆光)이면 사진이 잘 안 나온다며 해를 정면으로 보고 포즈를 오래 취하다 보니 그리 탔다는 것입니다.

사람들은 여러 가지가 신기한 모양입니다. 얼마 전까지 대통령을 지냈던 분을 직접 보니 신기하고, 일부 언론이 '아방궁'이니 '호화 저택'이니 공격해 그런 줄 알았는데 그렇지 않아서 신기하고, 대통령이 직접 편하게 농담하고 인사를 건네니 그 또한 신기한 듯합니다.

최근 인터넷에서 '노간지'로 유명해진 사진이 있지만 대통령의 패션과 행동은 영락없는 '동네 아저씨' 혹은 '이웃집 할아버지'입니다. 새마을

모자 같은 다소 구식 모자에 수수한 점퍼 차림은 우리가 동네 어귀에서, 혹은 집 근처 목욕탕 앞에서 만나는 친근한 어른과 다르지 않습니다.

"노 대통령이 있으니까 여기까지 왔지"

지금 봉하마을에서 보게 되는 진풍경은 우리가 지금까지 경험하지 못한 일입니다. 우리뿐 아니라 세계 어느 나라에서도 전례가 없는 일입니다.

따라서 그 시골 마을에 하루 수천 명이 몰리는 배경을 정확하게 설명해 줄 사람은 없을 것 같습니다. 서로 다른 호기심, 다른 이유, 다른 지역, 다른 나이의 사람들이 대통령을 찾는 현상을 몇 가지 단어로 정리하기는 쉽지 않아 보입니다.

다만 재임 중 대통령과 국민 사이를 가리고 있던 많은 장막, 많은 이미지 조작이 모두 걷히고 원래의 모습으로 돌아간 그를 직접 보기 위해 사람들이 몰리는 것에 어떤 해설을 더하는 일은 부질없어 보입니다. 방문객 중 한 분에게 왜 찾아왔느냐고 물었더니 이렇게 답합니다. "노 대통령이 있으니까 왔지."

그렇습니다. 그곳에 가면 그가 있기 때문입니다. 국민 속으로 들어가고 싶어 했던 대통령의 소망은 이미 이뤄진 셈입니다.

이제 민주주의 2.0으로 갑니다

홈페이지 〈사람사는 세상〉 (2008. 3. 27.)

여러분, 안녕하십니까?

며칠 동안 들르지 못했습니다. 오늘 아침에 들어오니 회원 게시판은 3만 번째 글이 가까워지고 있네요. 그런데 몇 가지 개선 요구 사항이 며칠째 별로 나아지지 않고 있습니다. 로스쿨에 관한 질문에 댓글로 답을 하고, 프랑스 베르사유에서 '지금/여기' 님이 올린 글을 보고 있는데 비서실에서 아침 회의를 하자는 연락이 왔습니다.

회의를 해 보니 모두들 용량 초과입니다. 업무 환경 체계 잡고, 홈피 관리하고, 일정 관리하고, 손님맞이 하고, 이런 일상적인 일들도 벅찬데 벌써 며칠째 동네 청소하고, 장군차나무 심고, 장군차 시범 마을 다녀오고, 동네 사람들과 친환경 농업에 관해 토론하고, 이런 일까지 하자니 정신들이 없나 봅니다. 한 달째 아직 하루도 쉬지 못한 모양입니다. 그러니 홈페이지를 며칠째 손보지 못한 것도 나무랄 수가 없습니다.

회의 중에 진영 대창초등학교 6학년 학생들이 현장학습을 왔다고 연락이 왔습니다. 미리 약속을 한 일이라 나가서 인사하고 사진을 찍고 돌아왔습니다. 컴퓨터 앞에 앉았는데 손이 곱아서 속도를 낼 수가 없습니다. 한 자 걸러서 오타가 나옵니다.

이제 새로 선보일 웹사이트 〈민주주의 2.0〉으로 갑니다. 베타 버전 테스트 중인데 아직 버그도 많고, 개선할 일도 많고, 토론도 잘 진행이 되지 않습니다. 어려워서 접근할 엄두가 나지 않는다고 합니다. 새로운 시도이니 어려운 것은 당연한 일이겠지요. 시스템에 관한 한 쉽게 쓸 수 있게 개량하고 익숙해지면 극복이 가능할 것으로 생각합니다만, 제가 제안하고자 하는 토론 방법은 그 과정을 소화해 내기가 결코 만만한 일은 아닐 것 같아서 벌써부터 걱정입니다.
어떻든 오늘은 토론 주제를 새롭게 정리해서 토론에 접근하기 쉽도록 할 생각입니다. 이 글 마치면 토론 주제에 관한 제안 글을 쓸 생각입니다.

그런데 이 글을 마치기도 전에 집 앞에서는 또 나오라는 소리가 들립니다. 하루에 다섯 번 정도는 나가서 인사를 하는 것 같습니다.
점심은 물론 차도 한 잔 못 드리고, 그렇다고 무슨 편의 시설이 있는 것도 아니고, 별로 볼 것도 없으니 손님들에게는 마냥 미안할 따름입니다. 그래서 악수도 해 보고 사진도 찍어 드리려고 하는데 이것도 안 됩니다. 사람들이 뒤엉키는 것도 문제지만 일을 벌였다가는 종일 아무 일도 할 수 없게 됩니다. 나가서 몇 마디 대화를 나누고 들어옵니다. 가끔 "뭐하느냐? 지금도 바쁘냐?"고 묻는 분들이 있습니다. 참 궁금한 모양입니다. "누구나 하루는 24시간입니다. 무엇을 하느냐가 다를 뿐입니다." 이렇게 대답을 합니다.

친구가 생선회를 가지고 와서 점심을 함께 먹었습니다. 밥상에 올라와 있는 김해 상동 산딸기주가 맛이 괜찮습니다. 내가 지금까지 먹어 본 와인 중에는 그중 입에 짝 붙습니다. 아직 대량생산이 되지는 않는다고 합니다.

돌아와서 홈페이지에 들어와 보니 '베스트 뷰'가 올라와 있습니다. 베스트 뷰는 편집팀이 임의로 고른 것인지, 추천 수나 그 밖에 무슨 기준이 있는 것인지는 미처 물어보지 못했습니다. 베스트 뷰라는 이름이 마음에 들지 않습니다. '추천글' 정도로 하는 것이 좋을 것 같은데 말을 할 시간이 없습니다.

게시판을 좀 보고 싶은데 토론 정리가 바빠서 〈민주주의 2.0〉으로 갑니다. 하루라도 빨리 버그를 정리하고, 토론도 정리하여 공개를 해야 하니까요. 기다려 주시기 바랍니다.

　어렵다고들 하니 공개를 하기도 겁이 납니다. 그러나 공개를 안 할 수는 없는 일입니다. 최선을 다해 보겠습니다. 기대해 주시기 바랍니다.

　안녕히 계십시오.

　노공이산 – 저도 필명을 하나 지었습니다. '우공이산(愚公移山)'으로 하려고 했는데, 선점한 임자가 있어서 '노공이산'으로 밀렸습니다.

대통령은 〈민주주의 2.0〉에서 '노공이산'이라는 이름으로 글을 썼다. 그러다 보니 '노짱'이라는 별명 대신 '노공'이라고 부르는 이들이 생겨났다. 이 무렵 대통령 사저에는 '우공이산'이라는 글귀를 담긴 현판이 걸려 있었다. 실현 가능해 보이지 않아 어리석은 일처럼 보여도 긴 호흡으로 묵묵히 해 나가다 보면 언젠가는 이루어질 수 있다는 믿음이 그 속에는 담겨 있었다. '사람사는 세상'을 만들어 보고 싶다는 꿈이었다. 2009년이 되면서 언제부턴가 노공이산이라는 필명을 쓰지 않았다. 돌아가시기 며칠 전에는 우공이산 현판을 내렸다. 그땐 그것이 무슨 의미인지도 몰랐다. 우리는 그저 어리석기만 했던 것 같다.

퇴임 한 달, 달라진 것과 달라지지 않은 것

안영배 ● 전 국정홍보처 차장

3월 26일 오후. 배낭 하나 둘러맨 채 시골 역 분위기가 물씬 나는 진영읍에 내렸습니다. 날씨가 화창하니 좋아서 봉하 마을까지 걸어가기로 합니다. 읍내 사거리를 건너 아파트 단지가 들어선 지역을 지나서 논두렁 사잇길로 농공 단지를 통과하자 봉하마을로 들어가는 도로가 보입니다. 시골 2차선 도로답지 않게 관광버스와 승용차들이 줄지어 내달립니다. 봉하마을을 둘러보고 나오는 방문객들인가 봅니다. 한참을 걸어가니 평일인데도 마을 주차장을 가득 메운 차들이 보이고 그 뒤로 대통령 사저가 눈에 들어옵니다. 역에서부터 한 시간 남짓 걸린 것 같습니다.

대통령 사저를 둘러봅니다. 우선 텃밭이 눈에 띕니다. 대통령 내외분이 아예 집에서도 농사(?)를 지을 생각인 모양입니다. 한쪽에는 묶여 있는 책 덩어리들이 쌓여 있습니다. 서재 겸 회의실의 책장에는 정리되지 않은 책들이 그야말로 쟁여져 있네요. 항상 책을 옆에 끼고 지내는 대통령이지만 아직 그럴 여유가 없는 듯합니다.

청와대 시절과 다름없는 빡빡한 일정

퇴임 후 한 달. 대통령의 하루가 어떻게 달라졌을지 궁금했습니다. 결론부터 얘기하면 국정 전반을 고민하던 게 장군차 재배나 〈민주주의 2.0〉 사이트 개발로 주제가 바뀌었을 뿐 바쁜 건 여전했습니다. 대통령의 생활은 청와대에 있을 때처럼 새벽 5시에 일어나 아침 7시, 점심 12시, 저녁 6시 반의 패턴에 변화가 없었습니다.

거의 쉬지 않고 걸려 오는 전화에다 이것저것 챙기느라 들락날락. 오랜만에 만난 비서진하고도 길게 얘기하기가 쉽지 않습니다. "다들 너무 바쁜 것 같네요. 좀 쉬기는 하는지 모르겠네."라고 한마디 했더니 사방에서 곱지 않은 시선이 날아듭니다. 대통령도 퇴임 후 하루를 못 쉬었는데 어떻게 비서진이 쉴 수 있겠느냐고요. 청와대 시절엔 돌아가면서 주말이라도 쉬었는데, 지금은 주말이 평일보다 더 바쁩답니다. 토요일이나 일요일에 찾아오는 방문객이 워낙 많다 보니 대통령도 되도록 주말엔 별도의 일정을 잡지 않는다네요. 하루에 무려 여덟 번이나 나가서 방문객을 맞은 적도 있다는군요.

귀향길 기자 간담회에서 어떤 일을 하고 싶냐는 질문에 대통령은 "실제로 이런저런 일을 내가 계획하더라도 손님 맞다가 볼일을 보지 못할까 그것이 제일 걱정입니다. 안 와도 걱정, 와도 걱정이지요."라고 답했는데 정말로 그렇게 돼 버렸습니다. 사실 이렇게까지 방문객이 몰릴 줄은 예상하지 못했다는 것이 비서진의 '솔직한 증언'입니다. 편하게 산책도 하고 마을 청소도 하고 숲도 가꾸려던 대통령의 애초 구상과는 완전히 달라진 겁니다. 얘기 도중에 상근 자원봉사 중인 이호철 전 민정수석이 영락없는 시골 농사꾼 차림을 하고 쑥 들어섭니다.

봉하마을에선 저녁밥을 사 먹을 데가 없어서 읍내의 한 식당을 찾았습니다. 돼지갈비를 안주 삼아 이야기꽃이 핍니다. 인터넷에서 화제를 모으고 있는 '봉하찍사'의 정체도 알게 됐습니다. 사진을 잘 찍는 문용욱 비서관이 원조 봉하찍사인 것은 이미 널리 알려져 있습니다만 그 후 데뷔한 봉하찍사2, 봉하찍사3, 봉하찍사4, 봉하찍사5가 누구인지 다들 궁금해했거든요. 홈페이지 접속이 폭발적으로 늘어나 운영 관리 지원을 위해 합류한 김정현 씨, 마을 주민들과 지내는 시간이 많다 보니 이장 출마해도 되겠다는 말까지 듣는 김정호 전 비서관, 비서진의 홍일점 박은하 비서관, 며칠 전부터 폭주하는 업무 분담을 위해 자원봉사를 자원한 성원호 씨가 그 주인공들이었습니다. 공식 사진사가 없어서 급하면 누구나 사진기 들고 뛰어나가다 보니 그리됐다네요. 여기에선 거의 모든 게 자원봉사로 움직이는 듯합니다. 조만간 포클레인 작업이 필요한 모양인데, 아예 "누구 포클레인 자원봉사 할 만한 사람 없나?"로 얘기를 시작합니다.

낙향이 아니라 귀향

술이 몇 순배 돌았을 때 일이 힘들지 않느냐고 물었습니다. 물론 힘이 들 때도 있지만, 정작 비서진을 힘들게 하는 건 따로 있답니다. 봉하마을에 방문객이 몰리는 걸 상업적으로 이용하려는 일부의 얄팍한 상혼이 그것입니다. 한 결혼 정보 업체는 대통령과 만나는 미팅 이벤트라며 수십 쌍을 모집해서 언론에 보도까지 된 후에야 도와 달라고 연락을 해 왔답니다. 그러나 대통령과의 만남을 상업적으로 이용하게 할 수는 없기 때문에 정중하게 거절했다고 합니다. 그런가 하면 어느 관광버스 회사에서 '김해○○청년회'라는 명의로, 실비를 내면 대통령을 만날 수 있다며 봉하마을 관광 모집 광고를 팩스로 보냈다가 문제가 돼서 해프닝으로 끝난 적도 있다고 합니다. 비서진의 바람은 소박했습니다. "대통령이 자연스럽게 국민과 만날 수 있도록 모두들 도와주셨으면 좋겠습니다."

새벽 1시. 살 집을 아직 구하지 못한 비서진과 자원봉사자들이 임시로 빌려 거주하는 집에서 불이 꺼지기 시작합니다. 그런데 마을 회관에서 열린 '봉하마을 쉼터 조성과 전통테마마을 조성' 회의에 참석한 김정호 전 비서관이 아직도 오지 않았습니다. 주민들과의 대화가 끝도 없이 이어지는 모양입니다. 나중에 설명을 들어 보니 봉하마을의 주업인 쌀농사와 단감 농사를 중장기적으로 친환경 농법으로 바꾸고 김해 특산품인 장군차밭을 조성해 부가가치를 높이는 방안을 주민들과 의논하고 있다고 합니다. 여기에는 봉화산 숲 가꾸기와 화포천 살리기도 포함됩니다.

대통령의 귀향은 흔히 말하는 낙향이란 개념과는 접근하는 시각이 다릅니다. 국토 균형 발전과 살고 싶은 농촌 만들기에 대한 평소 소신과 연결돼 있기 때문입니다. 3년 전 이즈음에 대통령은 농림부 업무 보고를 받으면서 이렇게 말한 적이 있습니다.

"농촌은 지난 40여 년 동안 세계 최고 속도의 경제 발전을 뒷받침한 분들이 살고 있는 곳입니다. 그런데 이제는 모두 나이가 드셔서 노후 생활을 해야 합니다. 일반적인 농업 정책과는 별개로 그분들의 노후 생활을 국가가 함께 보살펴야 하는 상황입니다.

농촌이 안정된 노후 생활을 하다가 여생을 마칠 수 있는 곳이라는 믿음을 우리 국민이 가져야 됩니다. 기존에 살고 있던 분들은 말할 것도 없고, 좀 더 나아가 도회지에서 살다 힘들고 지친 사람들이 돌아가서도 안전하게 노후를 보내고 생을 마감할 수 있도록 농촌 환경을 조성해 나갈 필요가 있습니다.

농촌을 도회지 사는 사람도 가 보고 싶고, 또 나아가 살고 싶은 곳으로

농부로 변신한 김정호 전 비서관.

만드는 것이 우리의 목표라고 생각합니다. 이 문제의 거시적인 목표를 항상 놓치지 않도록 관리해 주십시오. 구체적이고 작은 목표에 매달리느라 자칫하면 이 큰 목표를 잊어버릴 수 있거든요."

비서진의 생활은 월화수목금금금

27일 오전 9시. 대통령이 비서진과 함께하는 아침 회의 시간입니다. 부산 해운대의 집에서 출퇴근하는 이호철 전 수석이 오늘 따라 10분쯤 늦었습니다. 통상 한 시간 반 정도 걸리는데 길이 막혀 두 시간 정도 걸린 모양입니다. 대통령이 운을 뗍니다. "우리 아침 회의 시간을 30분쯤 늦춥시다." 이 전 수석이 난색을 표합니다. "오면서 보니까 방문객을 태운 버스가 벌써 다섯 대나 들어와 있던데 회의 시간을 더 늦추면 안 될 것 같습니다." 그러나 대통령이 "필요하면 내가 회의 전에라도 한번 나갔다 오지."라며 거듭 제안하면서 일단 내일부터 그리해 보기로 합니다. 대통령이 이어 경호팀장을 바라보며 미안한 듯 말을 꺼냅니다. "내가 갑자기 밖에 나가곤 하니까 당황스럽죠. 식사할 때는 신경 쓰지 마시고, 아침에는 회의에 나올 때까지 신경 쓰지 마십시오." 옆에 있던 권양숙 여사도 거듭니다. "그래요. 신경 쓰지 마세요."

방문객이 몰리면서 비서진과 경호팀의 업무가 폭주하고 있어 대통령도 걱정을 많이 합니다. 귀향 후 하루도 쉬지 못한 대통령은 지난 주말에 몸살 기운이 있어 반나절 쉬었는데, 그 후 방문객들에게 "나 때문에 비서들이 하루도 못 쉬어 너무 미안하다."고 말할 정도랍니다. 권양숙 여사는 걱정이 더 많은 것 같습니다. 대통령이 직접 삽과 낫을 들고 나서는데 비서진 모두가 함께하는 것은 당연지사. 그러자 권 여사는 만날 책상에 앉아 일하던 사람들이 갑자기 삽 들고 낫 들고 어떻게 일하느냐, 그러다 다치기라도 하는 것 아니냐고 걱정합니다.

아침 회의 전에 비서진의 업무 분장표를 들여다보고는 벌어진 입이 다물어지지 않습니다. 대통령이 나가실 때마다 사진을 찍고 정리해서 홈페이지에 직접 올리는 문용욱 비서관의 업무는 △비서실 업무 총괄 △접견 요청 접수 및 조정, 배석 △외부 행사 수행 △마을 가꾸기, 숲 가꾸기, 화포천 살리기 업무 지원, 그리고 가외로 하는 일이 '봉하찍사'입니다. 김경수 비서관은 △공보 담당 △행사 계획 수립, 사전 답사, 진행 △지시 사항 및 보고서 관리 △기록 및 자료 관리 △외부 행사 수행 △홈페이지 관리 지원 △〈민주주의 2.0〉 사이트 개발 지원 △마을 가꾸기, 숲 가꾸기, 화포천 살리기 업무 지원 등을 맡고 있습니다. 이처럼 명시되지 않았지만 수시로 생기는 온갖 상황을 처리하는 것 역시 비서진의 몫입니다.

여학생이 수줍게 건넨 초콜릿 '아, 맛있다'

오전 9시 45분. 오늘 일정부터 어제 마을 회의 결과까지 오간 아침 회의가 끝났습니다. 그 중에서 대통령이 가장 관심을 갖고 언급한 건 〈민주주의 2.0〉 사이트에 대한 아이디어입니다. 오프라인의 토론을 온라인상에서 어떻게 구현하고 어떻게 뛰어넘을 것인가, 위키피디아를 따라잡을 수 있는 공동 집필 시스템은 또 어떻게 구축할 것인가. 대통령의 문제의식은 도무지 한계가 없는 듯합니다. 반면 비서진의 고민은 무한대로 늘어날 수밖에요.

10시 30분. 보슬비가 조금씩 내린 탓에 일부 방문객은 사저 밖에서 우산을 받쳐 든 채 "(하나, 둘, 셋) 나오세요!"를 연호합니다. 비서진은 비도 내리니까 초등학생들과 만나는 행사부터 얼른 마치는 게 좋겠다는 의견을 냅니다. 진영읍에 있는 대창초등학교 6학년 학생 200여 명이 '고장 답사' 프로그램의 일환으로 사저 옆 봉화산 자락에 와 있습니다. 대통령 내외는 빠르게 걸음을 옮깁니다. "온다, 온다!" 하며 아이들이 떠드는 소리가 들립니다. 대통령은 학생들이 부르는 교가를 따라 흥얼거리며 걷습니다. 대창초등학교는 대통령 내외의 모교입니다.

학생들 앞에 선 대통령은 1959년 35회 졸업생이라며 인사말을 건넵니다. 권양숙 여사는 36회 졸업생입니다. "적어라. 종이 없으면 손바닥에 적어라." 농담까지 섞어 가며 말을 이어 가자 여기저기서 웃음과 환성, 박수가 터져 나옵니다. 대통령은 날씨를 의식해 봉화산 주변에 관한 얘기들을 서둘러 마무리하고 질문 없느냐고 묻습니다. 처음에는 쭈뼛쭈뼛하다가 바로 여기저기서 손들이 올라옵니다. 초등학생답게 별의별 질문이 다 나오네요. "어린이회장 해 보셨나요?" "어떤 운동을 잘하세요?" "영부인은 어떻게 만나셨나요?"(이 부분에선 옆에 앉아 있던 학생들의 "얼레리꼴레리"라는 후렴구가 따라붙었습니다) 등등. 압권은 이 대목입니다. "저희 고모부 아세요? 박 아무개라고요." "잘 알지. 그저께 나랑 장군차 심었는데."

반별로 찍는 단체 사진 촬영 시간. 경호팀과 수행 비서들이 '전면전'에 들어갑니다. 경호팀장은 연신 "자, 카메라 보세요."를 외치고, 수행한 경호관은 "사진 다 찍은 사람들은 이쪽으로 오세요."라며 목소리를 높입니다. 오늘은 단체 사진을 여러 차례 찍어야 하는 탓에 문용욱 비서관 외에 보조 찍사 김정현 씨도 카메라를 들고 나섰습니다. 그런데 이 와중에 한 여학생이 수줍은 듯 비닐에 싸인 초콜릿 하나를 얼른 대통령 손에 쥐어주고는 친구들과 "와" 하며 뛰어갑니다. 현직에 있을 때 같으면 경호 사고입니다. 순간 대통령이 어떻게 반응할지 궁금합니다. 여학생이 뛰어가는 뒷모습을 쳐다보다 시선을 돌려 보니 대통령은 이미 초콜릿을 입에 넣고 있습니다. 우물우물, '아 맛있다.'는 표정으로.

11시 10분. 서둘러 사저로 돌아온 대통령은 남원과 구례 등지에서 왔다는 방문객 100여 명을 만남의 광장에서 반갑게 맞습니다. 5분 정도 대화를 나눈 뒤 대통령이 "안녕히 가십시오."라는 인사와 함께 퇴장하자 방문객들은 사저 바로 아래 대통령 생가로 발길을 돌립니다. 1분쯤 뒤늦게 온 아주머니들이 무척 안타까워합니다. "거봐, 빨리 가자고 혔잖여." "언제 또 나오신데요." "한번 보고 싶었는디…."

마을의 별미 '아지매표 쇠고기 국밥'

12시가 조금 넘은 시간. 부녀회에서 운영하는 마을 식당에서 점심을 먹습니다. 원래 봉하마을에는 따로 식당이 없었습니다. 그러다가 대통령 퇴임 후 방문객이 몰리면서 허기진 사람들이 주민들에게 돈을 줄 테니까 밥을 해 주면 안 되겠느냐고 하는 데다, 김해시 관계자도 농번기 전까지 일단 해 보라고 권유하는 바람에 마을 회관을 활용해 3월 2일부터 급하

게 문을 연 것입니다.

주 메뉴는 4000원짜리 '한우 쇠고기 국밥'. 일당도 안 나온다는 말을 이미 들었던 터라 봉하마을 부녀회장에게 왜 한우 쇠고기 국밥을 택했느냐고 물어봤습니다. 만들기 쉽고 모든 사람이 잘 먹어서라는군요. 채산성? 그건 손해만 안 보면 크게 개의치 않는 분위기입니다. "이게 우리 업이 아니잖아예. 우리는 농사짓고 있고, 때마침 농번기도 아니고. 대통령이 귀향해서 즐겁고, 또 그런 대통령 보러 오는 손님들이 묵는 거니 기분 좋은 마음으로 하는 거지예. 벌이하겠다는 마음은 없어예."

방문객이 많아서 불편한 점은 없을까요? "번잡지 않다카믄 거짓말이재. 그캐도 대통령이 우리 마을로, 고향으로 왔는데 그에 비하겠는교. 또 이런 촌구석에서 돈도 안 들이고 가마 앉아 사방천지에서 오는 사람들 다 보잖아예."(웃음) 대통령도 들르셨냐고 묻자 "대통령님이 마을에 관심이 많으시다."며 가끔 들러서 장사 잘되느냐고 묻곤 한답니다. 그러면서 한우 쇠고기 국밥 자랑도 한 자락 걸칩니다. "묵고 가는 사람들이 다 맛나다카닙더. 맛없다카믄 그만해야지."

"게시판에 올리면 모두 해결됩니다"

오후 1시 20분. 마을 식당 맞은편 봉하마을 공동 농기계 보관 창고. 노사모는 이 창고를 빌려 4월 초부터 본격적으로 봉하마을 자원봉사 지원센터로 쓰기 위해 준비 중입니다. 노사모에선 신은주 사무국장을 포함해 자원봉사자 세 명이 상근을 하고 있습니다. 평일에도 틈틈이 시간 내서 들르는 회원들의 발길도 잦은 편입니다. 허름한 건물이지만 나름대로 칸막이도 쳐 있고 사무 집기와 컴퓨터도 여러 대 설치돼 있습니다. 그런데 이 또한 모두 자원봉사로 이루어진 것들이랍니다.

노사모 회원들이 컴퓨터를 가져다 설치했고, 전기 공사도 자원봉사로 진행 중이고, 조만간 외벽 페인트칠과 바닥 공사도 자원봉사로 해결할 예정이라고 합니다. 뭐든지 자원봉사로 해결할 수 있는지 궁금해집니다. 봉하마을에서 빈방을 구할 수가 없어서 진영읍에 방을 얻었다는 신은주 국장은 너무 당연한 걸 묻는다는 듯 바로 답합니다. "온갖 직업을 가진 회원들이 전국에 있기 때문에 필요한 걸 게시판에 올리면 바로 해결되죠."

어제 누가, 자원봉사자들이 없었으면 지금처럼 큰 무리 없이 상황을 관리할 수 없었을 것이라는 말을 했습니다. 요즘 노사모 자원봉사자들은 방문객이 몰리는 주말에는 마을 식당 설거지부터 마을 안내, 주변 쓰레기 줍기까지 필요한 일이면 무엇이든 마다하지 않습니다. 그러나 노사모의 자원봉사에 대한 철학과 계획은 생각보다 훨씬 더 컸습니다. 신은주 국장은 "대통령의 살기 좋은 농촌 마을 만들기 운동에 동참하고 있다."고 설명합니다.

지금 하고 있는 하천 정비, 나무 심기 같은 건 이러한 운동의 시발점이자 표본으로서 의미가 있습니다. 신 국장의 말이 이어집니다. "노사모 회원이 아니라도 상관없습니다. 농촌 마을에 자원봉사를 할 생각만 있으면 됩니다. 그리고 지금은 귀향한 대통령님이 사는 마을에 보탬이 된다는 데 만족하지만, 앞으론 인근 마을까지 활동을 넓혀 갈 겁니다. 저희가 그 센터 역할을 하고자 하는 거죠."

노사모는 창고 건물의 상당 부분을 대통령과 관련된 물품 전시 공간으로 꾸며서 누구나 둘러볼 수 있도록 할 예정입니다. 탄핵 반대 촛불 집회 때 썼던 타다 남은 초, 16대 대선 당시 새천년민주당에서 사용한 대선 개표 현황판을 비롯해 여러 사람이 기증한 대통령과 관련한 각종 자료와 물건 등을 전시할 거라고 합니다. 빠르면 다음 주부터 봉하마을을 찾는 방문객들에게 볼거리가 하나 더 늘어날 듯합니다.

'우공이산'이 '노공이산'이 된 내력

오후 2시 25분. 대통령이 또 사저에서 나와 현관 앞에 모인 100여 명의 방문객들에게 인사를 합니다. 부슬부슬 내리는 비를 그대로 맞고 있는 일부 방문객을 의식한 듯 대통령은 인사를 가급적 짧게 마무리합니다. 그래도 방문객들은 사저로 돌아서는 대통령을 향해 "고생 많았습니다."

노사모가 사용했던 농기계 창고. 지금은 방문객들을 위한 전시, 편의 시설로 바뀌었다.

"건강하세요."를 연호합니다. 어디서 오셨느냐고 물었더니 "서울이요." "당진이요." "대구" "상주" "광주에서도 왔어요."라고 소리칩니다. 그야 말로 지역을 초월한 무지개 연합군입니다.

오후 3시 30분. 사저에선 비서진이 분주하게 움직입니다. 홈페이지에 대통령의 다섯 번째 편지를 올리랴, 홈페이지에서 사진 찾아가는 방법을 적은 봉하사진관 안내 카드 디자인을 최종 점검하랴 바쁩니다. 그 사이 회원 게시판에는 한 달여 만에 3만 번째 글이 올라왔습니다. 1만 장을 찍은 안내 카드도 거의 다 떨어져 갑니다. 다섯 번째 편지가 올라가자마자 댓글이 달리면서 대통령이 지은 '노공이산'이라는 필명이 화제가 됐습니다.

대통령은 오래 전부터 '우공이산(愚公移山)'을 자주 언급해 왔습니다. 대통령 취임 100일 기자회견에서도 "거창한 구호보다 우공이산의 심정으로 국정에 임하겠다."고 말했고 '꾸준히 노력하면 달라질 것입니다. 우공이산.'이란 댓글을 남기기도 했습니다. 게다가 청와대를 방문한 신영복 선생이 직접 써서 대통령에게 선물한 휘호도 '우공이산'이었습니다. 이처럼 '우공이산'은 대통령이 평소 마음에 담고 있던 고사성어입니다. 그렇지만 이미 '우공이산'이란 필명을 선점한 이가 있어 '노공이산(盧公移山)'으로 방향을 튼 겁니다.

대통령과 자원봉사자들이 만드는 감동 드라마

오후 4시 20분. "와, 나오신다." 우산을 받쳐 든 대통령이 나타나자 200명 정도 되는 방문객들 사이에서 환호와 박수가 터져 나옵니다. 방문객들이 휴대폰과 사진기를 높이 들어 올리자 대통령은 우산을 접어 왼팔에 들고 오른팔을 올려 포즈를 취해 줍니다. 하루 이틀도 아니고 한 달 넘게 비슷한 상황이 벌어지고 있는데 이젠 귀찮지 않을까 하는 생각까지 듭니다. 그래서 직접 물어봤습니다. 대통령이 잠깐 제 얼굴을 쳐다보는데, 평소에 핵심을 잘못 짚고 엉뚱한 말을 하는 사람을 바라볼 때 짓던 표정 같습니다.

"물론 양면성이 있죠. 귀찮게 생각하면 참 귀찮을 수도 있겠지만, 찾아온 사람들이 고맙다고 생각하고 성의를 다하면 정말 기쁜 일이고 소중한 분들이죠. 다 마음먹기에 달린 것 아닌가요. 시간을 빼앗기는 건 어쩔 수 없는 일입니다. 일에 지장이 없도록 하는 건 내가 해야 할 일이구요. 새로운 생활 리듬을 만들어야겠죠. 가치와 의미는 선택하는 겁니다. 선택할 준비가 돼 있으면 다 받아들일 수 있습니다. 그런 면에서 우리는 준비가 잘돼 있다고 생각해요."

저녁 무렵 진영읍에서 서울로 향하는 열차에 올랐습니다. 내가 대략 안다고 생각했던 봉하마을의 분위기와 직접 가서 느낀 현장 분위기는 많이 달랐습니다. 퇴임 대통령이 주연이지만, 수많은 자원봉사자 조연들이 만들어 가고 있는 이 드라마를 훗날 역사는 어떻게 평가할까요? 올라오는 열차 안에서 '인터넷 세상의 문을 연 사람들의 이야기'라는 부제가 달린 『클릭을 발명한 괴짜들』이란 책을 읽었는데 뒤표지에 써 있는 한 대목이 유난히 눈길을 잡아끌었습니다. "불과 10년 전만 하더라도 생소한 말이었던 '클릭'은 어떻게 겨우 몇 년 만에 우리 일상을 이렇게 완전히 바꿔놓았을까? 거기에는 우리가 모르는 수많은 사람들의 꿈과 노력과 열정이 숨겨져 있다."

장군차를 심는 까닭

자서전 『운명이다』에서

봉화산 숲 가꾸기, 화포천 습지 복원, 그리고 봉하 들판 생태 농업, 이 세 가지가 주요 사업이었다. 그런데 그 못지않게 알려진 것이 장군차 심기 사업이다. 장군차 심기는 수익을 내기 위해서가 아니라 마을 경관 가꾸기를 위해 시작한 일이었다.

전국 최초로 재배를 시작한 진영 단감은 한때 특산물로 유명했지만 요즘은 수지가 맞지 않아 포기하는 농가가 많다. 그런데 보상을 받고 폐원하고 나면 대체 작목이 없다. 부재지주가 다른 유실수를 심지 못하게 한다. 나중에 지상권 다툼이 생기는 것을 싫어해서 경작자에게 폐원 보상비를 줘서 내보내고는 늙고 병든 감나무를 그대로 방치하는 것이다.

흉물스럽지만 어떻게 할 수가 없다. 마을 뒤쪽 장군차나무 심은 곳은 거의 다 부재지주 땅이었다. 흉한 폐원을 그대로 두고 보기 어려웠기 때문에 거기다 장군차를 심기 시작했다. 아무 권리도 주장하지 않고 차나무도 모두 주겠다고 설득해서 겨우 심을 수 있었다.

장군차는 좀 특별한 품종이다. 하동과 보성에서 나는 유명한 우리 차는 대개 중국 소엽종이다. 약간 개량한 일본 차도 그렇다. 잎이 작고 그물맥이 좁다. 그런데 김해 쪽 장군차는 인도 대엽종이다.

전해 오는 설화에는 가야 김수로왕의 왕비 허황옥이 인도 아유타국에서 시집올 때 가지고 온 종자라고 한다. 인도 대엽종은 탄닌이 많아서 발효가 잘된다. 중국 소엽종은 주로 볶거나 쪄서 차를 만든다. 반면 장군차는 탄닌 성분이 많아 발효 차를 만드는 데 적합하며 옛날에는 황차라고 부르기도 했다. 장군차라는 이름의 유래는 고려 시대로 거슬러 올라간다. 충렬왕이 김해에 와서 차나무가 크다고 감탄하면서 '장군수' 라는 이름을 준 데서 유래했다고 한다.

　내가 마을 사업을 하면서 찍은 사진이 인터넷에서 인기를 끌었던 모양이다. 한동안 그런 줄도 모르고 있었다. 자전거 타는 사진은 주로 화포천 관련 활동과 관계가 있다. 논바닥에 앉아 막걸리를 마시거나 장화를 신고 다니는 사진은 벼농사 아니면 화포천 청소와 관련된 것이다. 숲 가꾸기 사진도 제법 있었다.

　어떤 기자가 우연히 내가 쉼터에서 담배를 물고 있는 사진을 찍어 내보냈다. 나가지 말아야 할 사진이 나간 경우였다. 손녀와 아이스크림 먹는 사진은 나가지 말아야 할 것은 아니지만 조금 쑥스러운 장면이었다. 농사짓고 숲 가꾸고 개울 청소하면서 사는 사람이라면 누구나 그런 모습으로 다닌다. 이상할 것이 전혀 없다. 다만 대통령 지낸 사람이 그렇게 하고 다니니까 사람들이 신기하게 여기지 않았나 싶다.

장군차 흰 꽃 필 때 다시 오세요

이창섭 · 청와대 전 홍보수석실 행정관

　　"와와." 환호성과 함께 '봄꽃'이 활짝 폈습니다. 산수유, 매화, 목련, 개나리, 진달래 등 봉하마을 곳곳에 개화한 꽃나무뿐만 아닙니다. 노무현 대통령을 기다리던 방문객 300여 명의 얼굴에 반가움이 봄꽃처럼 한꺼번에 피어납니다.

　　"대통령님 반갑습니다." "멋있습니다." "직접 뵈니 너무 좋습니다." "건강하시죠." "대통령님 사랑합니다." 노소남녀를 마다하고 반가움과 그리움을 한껏 표현합니다. 아이들은 큰소리로 "대통령 할아버지 안녕하세요." 하고 합창을 합니다. "먼 길 오셨는데 점심도 대접 못하고 차 한잔도 못 드리고… 미안합니다." 이렇듯 대통령과 방문객들의 대화는 늘 정겹습니다. 그리움과 반가움이 듬뿍 담긴 인사말이 정답게 오갑니다. 정말, 만개한 사람들의 얼굴을 보면 '사람이 꽃보다 아름답다.'는 말이 맞는 것 같습니다.

졸지에 상춘객이 된 제가 지켜본 '봄날의 풍광'은 이틀간 열두 번쯤 반복됐습니다. 3월 29, 30일 봉하마을의 봄은 이렇게 약동하고 있었습니다.

장군차에 담긴 특별한 의미

노무현 대통령이 요즘 장군차에 보이는 관심은 각별합니다. 벌써 여섯 번째 장군차 묘목을 직접 심었습니다. 사저 주변과 만남의 광장에도 장군차나무를 심어 예쁘게 단장했습니다. 대통령과 비서진은 우선 마을 뒷산의 버려진 단감 과수원과 산비탈에 3만여 그루를 심을 작정입니다. 폐과수원을 김해 지역 특산품인 장군차밭으로 탈바꿈시킬 요량으로 요즘 한창 구슬땀을 흘리고 있습니다. 그렇게 되면 9~10월에 개화하는 하얀 장군차 꽃이 봉하마을을 뒤덮을 것입니다. 기대되지 않습니까? 만남의 광장엔 방문객 얼굴에 웃음꽃이 활짝, 봉하마을 곳곳엔 향내 그윽한 흰 장군차 꽃이 흐드러지게 필 테니까요.

대통령은 왜 장군차에 관심이 많을까요? 대통령은 본래 차에 관심이 많았습니다. 그러다 청와대를 찾은 김해 분들에게 장군차를 선물 받은 뒤 차 재배에도 관심을 갖기 시작했다고 합니다.

"처음엔 주변 경관과 취미 생활을 위해 차를 심을 생각이었죠. 그런데 장군차는 품종과 맛에 차별성이 있고, 약학적 효능도 연구돼 있고, 김해시에서 특산물로 지원 중이라 전망도 좋아서 차 생산을 위해 재배해도 좋겠다는 생각을 하게 됐습니다. 도시에서 방문하는 사람들과 결합해 처음에는 차를 같이 심고 가꾸고 나중에는 함께 따는, 일종의 주말농장 개념으로 접근할 수 있을 것 같고. 그래서 본격적으로 심어 보려는 거죠."

29일 오후, 하늘이 우중충하고 흐린데도 대통령은 자원봉사자 90여 명과 장군차 2년생 묘목 2000여 그루를 심었습니다. 보통 1000그루씩 심었는데 이날은 두 배나 심었습니다. 삽, 호미를 들고 가파른 산비탈을 오르내리며 2시간 30분 동안 정성껏 묘목을 심느라 참가자 모두의 입과 코에선 단내가 진동했습니다.

밀짚모자를 쓴 대통령은 아이들에게 장군차 묘목 심는 '노하우'를 알려 주었습니다. "뿌리가 잘 펴지게 심어야 잘 자란단다. 공기가 들어가면 죽거든. 흙 알갱이가 잔뿌리 사이에 골고루 들어가도록 심어야 해. 심고 나선 주변의 마른 풀로 잘 덮어 줘서 습기가 유지되게 해야 하는데, 마른 풀이라도 뿌리가 없는 걸로 덮어야지 안 그러면 이놈들이 살아나 장군차와 경쟁

한단다." 대통령은 찬찬히 설명하고 아이들은 귀를 쫑긋 세워 듣습니다.

아이가 차나무 줄기를 잡고, 대통령이 흙을 잘게 부셔 다져 넣고, 아이가 다시 풀로 덮어 주는 공동 작업이 반복됩니다. 열 명이 넘는 아이들은 차 묘목을 든 채 옆으로 길게 늘어서 대통령 할아버지가 자기 곁으로 어서 오기를 기다립니다. 부모들은 잠시 일손을 멈추고, 삽과 호미 대신 사진기를 들고 장군차를 정성스레 심는 아이와 대통령을 한 컷에 담느라 여념이 없습니다. "평생소원 풀었다."면서 말이죠.

"내년엔 찻잎 덖어 제대로 대접하겠습니다"

빗방울이 후드득 떨어질 조짐을 보여 대통령은 산비탈을 내려왔습니다. 참석자들에게 감사의 뜻으로 새참을 대접했습니다. 막걸리, 파전, 두부김치로 준비한 새참을 들며 한참이나 이야기꽃을 피웁니다. 참가팀별로 회원이 그린 대통령 캐리커처와 유기 밥그릇을 선물했습니다.

참가자 중에는 소리꾼 홍승자 씨가 있었습니다. 한복을 곱게 차려입은 그분이 대통령께 드리는 선물이라며 탁 트인 목소리로 〈성주풀이〉를 신명나게 부릅니다. "어라하 만수, 어라하 대신이야." 이번엔 장구까지 치면서 〈진도아리랑〉으로 가락이 이어지자 장단에 맞춰 두 분이 덩실덩실 어깨춤을 춥니다. 모두가 하나 되는 대동세상과 진배없습니다.

판소리 강산제(심청가) 이수자인 홍승자 씨는 "노무현 대통령께서 고향에 보금자리를 마련하셨기에 새집에서 잘 사시라는 뜻에서 성주풀이를 불렀다."고 합니다. 성주풀이는 집터를 지키고 보호하는 성주신에게 무당이나 판수가 굿을 하면서 부르는 노래죠. 마음 씀씀이가 고마울 뿐입니다.

대통령은 자원봉사자들에게 감사의 마음을 전했습니다. "내년에 찻잎 따러 내려오세요. 저는 그 전에 고유한 제조법인 황차(黃茶) 제조 기술을 익혀 놓겠습니다. 찻잎을 잘 덖어 제대로 된 장군차를 대접하겠습니다. 통에 담아 선물로도 드리겠습니다. 오늘 수고 많았습니다."

이쯤에서 이해를 돕기 위해 장군차를 설명하겠습니다. 장군차는 '가야 황차'로도 불립니다. 가야국의 시조 수로왕의 왕비인 허황옥이 서기 48년

인도에서 시집올 때 가져왔다고 전하는 김해 지역 특산물입니다. 가야차 문화연구회 장번 회장은 "고려 충렬왕이 김해 지역을 방문했을 때 차나무를 발견하고는 잎이 커 장군감이라고 해서 장군차로 불리게 됐다."고 말합니다. 김해 지역이 장군차의 북방 한계선입니다.

대통령은 장군차를 "찻잎이 타원형으로 다른 차종보다 훨씬 잘생겼고 향내가 그윽하다."고 품평합니다. 당뇨, 암, 치매 예방과 노화 방지, 심장 질환에 탁월한 효능이 있으며 항산화 효소 함유량이 많고 다이옥신 저항 효과가 크다고 합니다.

장군차는 뿌리가 아래로 쭉 뻗어 자라는 직근성(直根性) 때문에 옮겨 심으면 살기가 어렵습니다. 맨 밑뿌리 생장점을 건드리면 고사하거든요. 이날 심은 묘목 2000그루는 씨를 뿌려 키운 파종 묘목이 아니라 가지를 잘라 새롭게 뿌리를 내리게 한 2년생 삽지 묘목이라서 3년이 되는 내년이면 일부 수확이 가능합니다. 파종하면 5년이 지나서야 찻잎을 딸 수 있습니다.

희망의 나무를 심는 사람들

5월 중순을 넘어서면 장군차를 심어도 소용없기에 대통령과 비서진은 차나무 심기를 서둘렀습니다. 그런데 이날 오후 5시부터 내린 비가 이틀

날 아침까지 내린 탓에 다음날 자원봉사자들과 함께하기로 했던 장군차 심기는 취소되고 말았습니다. 29일 심은 장군차 묘목에는 도움이 되는 단비였지만, 대통령과 비서진에게서는 안타까움이 역력했습니다.

"폐과수원을 활용하는 장군차밭이 농촌 지역의 귀중한 성공 모델이 돼 다른 지역으로 확산되기를 기대합니다. 이 일이 도농 교류의 싹이 되고, 농촌을 다시 살리기 위해 새롭게 도전하는 농촌 지역의 희망이 될 수 있도록 노력하고 있습니다." 장군차 심기 실무 작업을 도맡은 김정호 전 비서관의 바람입니다.

'희망의 나무를 심는 사람들'인 대통령과 봉하마을 주민 그리고 자원봉사자들이 흘린 구슬땀이 결실을 거두기 바랍니다. 그래서 장군차 흰 꽃이 필 때 그들의 구릿빛 얼굴도 함박웃음꽃으로 활짝 피어나면 좋겠습니다.

귀경하는 야간열차에서 "눈을 뜨고 꾸는 꿈, 나는 그것을 희망이라고 부른다."라고 말한 사람을 생각했습니다. 중국 내몽골 마오우쑤 사막에 나무를 심은 『사막에 숲이 있다』의 주인공 인위쩐(殷玉珍)도 떠올렸습니다. 1박 2일 봉하마을에서 '감동을 먹었기' 때문일 겁니다.

봉하마을 명물을 소개합니다

홈페이지 〈사람사는 세상〉 (2008. 3. 6.)

저는 요즈음 하루에도 몇 번씩 대문 앞에 나가 손님들에게 인사를 합니다. 힘들지만 반갑고 즐겁습니다. 그런데 참 안타깝습니다. 손님들은 봉하마을에 와서 저의 생가 보고, 우리 집 보고, 그리고 "나오세요." 소리치고, 어떤 때는 저를 한 번 보기도 하고, 어떤 때는 보지 못하고 돌아가십니다.

참 신기하다는 생각이 듭니다. 아무리 생각해 보아도 참 재미없겠다 싶은데 그래도 손님은 계속 오십니다. 미안한 생각이 들 때가 많습니다. 그래서 좀 더 재미를 느낄 만한 우리 마을의 명물을 소개하려고 합니다.

봉하마을의 명물은 봉화산입니다. 봉화산에 올라가 보지 않고는 봉하마을 방문은 헛일입니다. 봉화산은 참 아름답고 신기한 산입니다. 해발 150미터밖에 안 되는 낮은 산이지만 산꼭대기에 올라가 보면 사방이 확 트입니다.

멀리는 겹겹이 크고 작은 산이 둘러 있고 그 안으로 넓은 들이 펼쳐져 있습니다. 들 가운데로 굽이쳐 흐르는 낙동강을 볼 때마다 저는 손을 뻗어 잡아 보고 싶은 충동을 느낍니다. 발아래에는 손바닥만 한 작은 들이 있고, 그 들을 둘러싸고 옛날 아내와 함께 소설 이야기를 하며 걸어 다니던 둑길이 장난감 기찻길처럼 내려다보입니다. 당장이라도 내려가서 걸어 보고 싶습니다.

동쪽으로 조금 멀리는 동양에서 제일 큰 습지라고 하는 화포천이 보입니다. 여기저기 상처를 많이 입기는 했지만 그래도 생태계의 신비함이 남아 있습니다. 지금은 누런 갈대만 보이지만 봄이 되면 온갖 풀꽃이 파랗게 싹을 내고 색색의 꽃을 피웁니다. 그 중에서도 흐드러지게 핀 창포는 가슴을 들뜨게 만듭니다.

옛날에는 철새들이 하늘을 새까맣게 가릴 만큼 내려앉았던 곳입니다. 지금은 그 모습을 볼 수 없어서 아쉽기는 하지만, 엊그제엔 기러기 몇 마리가 줄지어 날아가는 반가운 모습을 볼 수 있었습니다. 얼마 지나지 않아 옛날의 그 오리, 기러기 들을 다시 불러들이려고 합니다.

봉화산은 산이 높지 않고 능선이 부드러워서 산책처럼 등산을 할 수 있는 산입니다. 산이 크지는 않지만 제법 깊은 골짜기가 여러 갈래로 갈라져 있고, 산 능선에는 여러 군데 제법 너른 마당이 있어서 지루하지 않고 아기자기한 재미가 있습니다.

둑길을 걸어서 화포천까지 갔다가 들판을 한 바퀴 돌아오면 한 시간, 마애불을 거쳐서 봉화대까지 올라갔다가 내려오면 한 시간, 자은골로 걸어서 봉화대와 관음보살상을 거쳐 도둑골로 내려오면 두 시간, 계속 걸어가서 재실 앞 낚시터를 거쳐 화포천까지 갔다 오면 두 시간, 화포천을 지나 뱀산을 돌아오면 세 시간, 이렇게 조금씩 욕심을 부리면 1박 2일을 해도 모자랄 만큼 코스는 풍부합니다.

이 산책길에서 가끔 저를 만나서 이야기도 나누고 사진도 찍고 하면 좀 더 재미가 있겠지요. 단지 대문 앞 관광만 하지 마시고 좀 더 재미있는 봉하마을 방문을 하시기 바랍니다. 한 가지, 봉하마을 오실 때는 마음 놓고 걸을 수 있게 등산화를 신고 오시기 바랍니다.

지금은 밥 먹을 곳도 없고 잠잘 곳도 없어서 불편이 너무 많습니다만 올해 안으로 밥 먹고 잠잘 곳을 해결해 보려고 합니다. 그리고 내년 내후년 계속해서 아름다운 숲, 자연 학습 환경, 재미있는 운동거리 등도 마련할 계획입니다.

봉화산은 어릴 적 인근 10리 안에 있는 학교들의 단골 소풍터였습니다. 앞으로 청소년들에게도 좋은 학습과 놀이터가 되도록 가꿀 생각입니다. 여러분이 봉화산을 많이 오르면 김해시에서 산을 가꾸겠지요. 여러분이 화포천을 많이 찾으면 나라에서 화포천 정화를 서두르겠지요. 오늘은 마을 사람들과 김해시 봉사단체들과 화포천 주변 청소를 나갑니다.

어제 김해시에서 연락이 왔더군요. 여러분의 방문이 김해시를 움직였을 것이라는 생각이 듭니다. 감사드립니다. 김해시에도 감사드립니다. 저도 열심히 할 것입니다.

다시 글 올리겠습니다. 안녕히 계십시오.

2008년 4월 4~6일

변화를 향해 천천히 뚜벅뚜벅

김상철 • 청와대 전 홍보수석실 행정관

4월 4일, 사저 비서진의 표현을 따르자면 '첫 번째 금요일'입니다. 일주일이 '월화수목금금금'이라고 하니까요.(있어 보니 정말 그렇더군요.) 사저 앞에는 어김없이 방문객들이 모여 있습니다. 방문객들의 환호 속에 노무현 대통령의 모습이 보이는군요. "멋있어요." "실물이 더 나으십니다.""여사님은 왜 안 나오세요?" 누군가 묻습니다. "왜 좋은 서울 놔두고 고향으로 내려오신 건가요?"

대통령이 답합니다. "대통령으로 있으면서 균형 발전을 스스로 실천해야겠다는 생각이 있었습니다. 여러 군데 찾아봤는데 결론은 제가 태어난 고향이 제일 낫다는 것이었죠. 균형 발전 정책 가운데 살기 좋은 지역 만들기라는 농촌 지원 프로그램이 있습니다. 농촌은 기본 인구 자체가 유지되지 않으니까 농민들이 생활을 지속할 수 있는 여건부터 만들어야 하지 않겠습니까."

대통령의 말이 이어집니다. "농촌에 기본 인구가 유지되도록 하자면 수도, 가스 등 기초 생활 여건을 최대한 확충하고 생활환경도 아름다워야 합니다. 우리 농촌이 아름답다고 하는데 실제로 가 보면 많이 버려져 있잖아요. 그래서 저도 여기 와서 한 달간 주민들과 청소도 하고 나무도 심었습니다. 앞으로도 그렇게 주민들과 함께하려고 합니다." 대통령의 말속에서 봉하마을 주민들은 이렇게 등장합니다.

"가슴이 콩닥거리고 얼마나 놀랐는데예"

대통령은 봉하마을의 새로운 변화를 준비하지만 마을 사람들에게는 대통령의 귀향 자체가 이미 변화입니다. 가장 먼저 실감하는 곳이 어딜까요? 주차장에 매점이 하나 있습니다. 동네 슈퍼에서 담배 피는 대통령, 이른바 '노간지'를 탄생시킨 그곳입니다. 자판기에서 커피 한잔 뽑아 놓고 눈치를 보다가 한산한 틈을 타 매점 여주인에게 몇 마디 물어봤습니다.

매점은 대통령 재임 중인 2004년 11월 문을 열었답니다. 재임 때보다 요즘이 장사가 더 잘된다고 합니다. '노간지' 얘기를 물었습니다.

"그때는 진짜 놀랐지예. 아침 일찍 오셔서 담배 하나 달라카는데 가슴이 콩닥거리고 얼마나 놀랐는데예." 얘기하는 지금도 소녀처럼 얼굴에 홍조를 띱니다.

대통령이 내려오니 어떠하냐고 물었더니 물론 좋다고 합니다.

"장사도 장사지만 사람들이 대통령 좋아서 이래 많이 오는 거잖아예. 사람들도 좋아하고 대통령도 반갑게 맞이하는 거 보면 참말 좋아예. 참 맞다! '노간지' 사진 구해서 붙여 놔야 하는데…."

매점만큼이나 방문객들을 자주 접하는 집이 있습니다. 봉하마을 이장 댁입니다. 대통령 경호동과 인접해 있어 사저 방문객들이 집 뒤에 항상 모여 있을 수밖에 없습니다. "대통령님 나오세요."라는 외침이 끊이지 않으니 조용할 날이 별로 없겠죠. 마침 이장님 부인이 빨래를 널고 있는 게 보입니다. 방문객들 오가느라 소란해서 불편하시겠다고 말을 걸었습니다. "문 닫아 놓으면 안 들려예. 좋은 일 하시는데 불편할 기 뭐 있겠어예. 좋게 마무리하시고 오셔서 좋은 모습 보여 주시니까 기분 좋지예."

방문객 맞이하는 모습 외에 대통령을 직접 본 적이 있느냐고 물으니 매점 여주인만큼이나 얼굴을 붉힙니다. 아침에 길가에 내려가서 꽃을 보고 있는데 저기서 누가 "안녕하세요." 하더랍니다. 누군가 하고 보니 대통령이더라는 거죠. 너무 갑작스러워서 인사도 못했다면서 얼굴이 또 발그레해집니다. 방문객들만이 아니라 이곳 주민들에게도 '봉하마을 주민으로 돌아온 전직 대통령 노무현'은 여전히 가슴 설레는 존재인가 봅니다.

4월 5일. 식목일이자 '두 번째 금요일'입니다. 주말이다 보니 방문객도 많습니다. 대통령은 이날 김해장군차영농조합 조합원, 부산상고 동창회 자원봉사자, 노사모 회원 등과 함께 세 차례 장군차나무, 매화, 산수유나무를 심었습니다. 대통령에게 어제와 비슷한 말을 들을 수 있었습니다. 한 방문객이 "어떻게 귀향을 결심하셨습니까?"라고 또 물었기 때문이죠.

"여기가 서울보다 물가가 싸잖아요.(웃음) 맑고 아름다운 곳에서 살고 싶습니다. 음나무, 장군차와 같이 보기도 좋고 먹을 것도 나는 나무들을 심으면서요. 예전엔 큰 나무 아래 관목 따위의 작은 나무들도 잘 자라서 망개나무, 개옻나무, 산딸기나무도 많았고 도토리도 앉아서 따먹었는데…. 이제 다시 돌아오게 해 볼 생각입니다."

마을 앞을 흐르는 하천 얘기도 덧붙입니다. "요 앞에 도랑이 있는데 콘크리트로 칠해 버렸어요. 송사리가 살던 도랑인데 말이죠. 생태 하천으로 복원해서 미꾸라지도 살 수 있게 만들 겁니다. 제가 중3 때는 메기, 바늘치를 주낙으로 잡던 곳이었습니다." 난데없이 대통령 얘기를 듣고 있던 어린이가 큰 소리로 묻습니다. "학교 안 가고 땡땡이 치셨어요?"

아지매들의 노무현 사랑

슬쩍 사저 앞을 빠져나와 다시 마을 사람들을 만나 보기로 했습니다. 마을 입구에 있는 테마 식당을 빼놓을 수 없겠죠. 부녀회에서 운영하는 '국밥집'으로, 봉하일기 3편에서 잠시 소개된 바 있습니다. 5명의 '아지

매'가 함께 일합니다. 못난이, 공주, 아가씨, 이쁜이, 할멈 아지매. 이렇게
각자 별명을 만들었더군요.

공주, 아가씨, 이쁜이, 세 아지매가 주방 일 외에 손님 맞는 일도 봅니
다. 장사는 처음 해 보는 분들이지만 고무 슬리퍼에 사인펜으로 '공주'
'못난이' 등 각자 별명을 써 놓고 재밌게 일을 합니다. 못난이 아지매 말
을 들어 보니 대표 메뉴가 된 쇠고기 국밥은 어제오늘 등장한 것이 아니
더군요. 예전부터 마을에 대통령 당선을 축하하는 사람들이 올 때마다
부녀회에서 국밥을 대접했다고 합니다. 장사가 아주 잘되는 수준은 아니
랍니다. 평일엔 손님이 많지 않고 휴일에 관광버스 타고 오는 방문객들
은 대부분 먹을 걸 싸 가지고 오는 터라 승용차 몰고 오는 사람들이나 마
을에서 일하는 분들이 주로 이용한다고 합니다. 그러다 보니 못난이 아
지매가 민원 아닌 민원을 이야기합니다.

"대통령께서 한번 와서 국밥 먹고 가셨으면 좋겠어예. 매점은 가서 담
배도 피우고 해서 유명해졌는데…. 추어탕 좋아하신다니까, 오시면 맛있
는 추어탕 내드리랄고예." 겸사겸사 여름에는 주 메뉴를 영양식인 추어
탕으로 바꿔 볼 계획이라고 합니다. 대통령은 매점에 이어 식당에서 '노
간지 2탄'을 만들어 주실까요?(며칠 뒤인 4월 10일에 못난이 아지매의 바람처
럼 대통령이 식당에 들러 국밥을 한 그릇 비우고 갔다고 합니다.)

이날 저녁에는 봉하마을 아지매 네 분을 만날 수 있었습니다. 네 분 모

두 비슷한 시기에 봉하마을로 시집와서 나란히 딸 하나, 아들 하나를 낳았답니다. 일과를 마치고 부담 없는 자리라 이런저런 말들을 편하게 나눕니다. 특히 대통령이 부산에서 출마했을 때, 대선 후보 경선 때 따라다니면서 응원했던 일을 얘기하는 대목에선 뭉클한 감회를 감출 수 없었습니다. 아지매들은 사저에서 일하는 비서진의 면면과 〈사람사는 세상〉 홈페이지 얘기, 봉하사진관에서 사진 내려받는 법까지 모르는 게 없습니다.

대통령 하실 때하고 마치고 내려온 지금, 어느 때가 더 좋냐고 한번 물어봤습니다.

"사실 내려오니까 더 좋아예. 대통령 하실 때는 조마조마했거든예. 언론에 좋은 소리 안 나오고. 어쩌다 인터뷰 같은 거 하자고 하면 이상하게 나갈까 봐…."

"지금 내려오셔갖고 이렇게 자연스럽게 사람들하고 만나는 모습이 너무 좋아예. 인상도 좋고 말씀도 참 편하고 재밌게 하시잖아예."

언론에 그리 보이지 않았을 뿐 대통령은 현직에 계실 때도 변함없이 그런 모습이었다고 얘기해 줬습니다.

대통령의 새로운 도전

4월 6일 '세 번째 금요일'. 일요일이지만 휴일이 아닙니다. 아침 9시도

되기 전부터 마을에 관광버스가 들어서고 있습니다. 상춘객들이 늘어서 일까요. 봉하마을이 정말 미어터지는 것 같습니다. 대통령은 이날 꼬박 열한 번을 나와 방문객들을 맞았습니다.

아침에 체육 대회 행사에 참석하느라 마주칠 기회가 없던 봉하마을 이장과 만났습니다. 원래 하던 일 외에 별도로 참석해야 할 대통령 행사가 생기다 보니 아무래도 더 바빠졌다고 합니다. 집이 사저 옆이라 방문객들 때문에 불편하지 않느냐고 물었더니 "조용한 거보다 낫심더. 다 대통령 보러 오는 사람들 아입니꺼."라며 넉넉한 마음이 느껴지는 답변을 합니다.

이장님은 당장 마을에 편의 시설이 별로 없는 게 가장 마음이 쓰인답니다. 방문객들이 대통령 얼굴을 보지 못하면 딱히 할 일이 없어 그냥 돌아갈 수밖에 없다는 거죠. 그래서 사저와 봉화산을 연계해서 소개하고 홍보하는 데 힘쓰고 있답니다. "봉화산이 높이는 안 높아도 진짜 좋은 산입니더. 한 시간 안짝이면 쉽게 올라갈 수 있고 봉화사 마애불도 있고예. 딴거보다 사자바위 위에 올라가믄 전망이 진짜 좋고 정말 가슴이 탁 트입니더." 봉화산을 소개하는 대목에서 목소리에 힘이 들어갑니다.

오후에는 마을 회관 앞에서 진영농협 조합장을 만났습니다. 대통령과 조합장은 어릴 때부터 봉하마을에서 함께 뛰어놀던 사이라고 합니다. 조합장은 걱정부터 앞서는 모양입니다. "대통령도 내려온 뒤에 오히려 쉴 틈이 없고 비서진도 쉬는 날이 없으니 걱정입니다. 즐거운 비명일지 모

르겠지만, 다들 죽을 지경일 거라예."

친환경 농법 얘기도 했습니다. 사저 비서진이 마을 주민들과 함께 고민하고 있는 대목입니다. "일단 물이 문젭니다. 마을 농지가 다 매립지거든예. 지금은 수리 시설을 해 나가 좀 났다 캐도 원래 저습지라 예전에는 논도 잘 잠겼고예. 친환경 농법, 화포천 살리기, 장군차 등등 대통령이 이런저런 구상이 많은데 여건이 쉽지만은 않습니다."

길지 않은 시간 조합장의 얘기를 들으면서도 쉬운 일이 아니겠구나 하는 생각이 들었습니다. 봉하마을로 시집간다고 하니까 집안 어르신이 "가서 밥이나 지대로 묵겠나."며 걱정하시더라는 마을 아주머니의 말이 떠오르더군요. 조합장 말처럼 봉하마을 앞에 펼쳐진 농지는 다 매립지입니다. 경전선이 지나면서 둑이 생겼는데 그게 자연스레 제방 역할을 한 것이죠. 낙동강보다 지대가 낮기 때문에 비가 내리면 쉬이 잠겼답니다. 배수 펌프가 생긴 지 이제 한 3년 됐다니까 농사짓기 쉬운 땅은 아니었겠죠.

대통령과 자원봉사자들의 식목 행사가 예정돼 있는 봉화산 밑으로 발걸음을 재촉했습니다. 미리 자리를 잡으려고 마을 앞 도로를 따라 걷는데 경호동 사이로 사저 앞에 몰려든 인파들이 보입니다. 대통령이 나와 있네요. 옆집 이장네 마당까지 방문객들이 몰려 있습니다.

어렵지만 미래를 위해 해야 하는 일

이날 자원봉사자들이 장군차나무를 심은 곳은 못난이 아지매 감나무밭입니다. 못난이 아지매의 남편은 마을에서 전통테마마을추진위원회 사무국장을 맡고 있는 마흔여섯 살의 '청년'입니다. 사저에서 방문객과 인사를 마치고 현장에 온 대통령이 "어, 왔나." 하며 사무국장을 반갑게 맞습니다.

조합장 말처럼 사무국장도 수리(水利) 문제를 비롯해 여건이 좋지 않다는 점은 인정합니다. 유기 농법, 장군차밭 조성 같은 일도 작은 사업이 아닙니다. 사무국장 말대로 돈도 필요하지만 그것만 갖고 되는 문제도 아니고 열정과 전문 지식까지 뒷받침되어야 하니까요. "지금 어렵고 하루아침에 될 일도 아니지만 미래를 위해 하는 일이고 해야 할 일"이라고 강조하는 사무국장에게 살기 좋은 지역 만들기, 살고 싶은 농촌 만들기라는 대통령의 구상과 계획은 큰 힘입니다.

"당장 좋아진 것이 보이잖습니꺼. 일단 마을이 깨끗해졌고 전보다 활력이 넘칩니더. 마을 주민들도 계속 고민하고 있지만 뭔가 희망이 보인다는 것 자체가 단합이 되게 하지예. 지도 (대통령이) 오시고 난 후로는 한 시간이라도 더 일찍 일어날라 캅니더."

일정상 봉하마을 사람들 만나는 일은 여기서 접어야 했습니다. 그리고 봉화산 정상 사자바위에 올랐습니다. 가슴이 탁 트이네요. 봉하마을이 한눈에 들어옵니다. 그 앞으로 농지가 펼쳐져 있습니다. 동쪽으로 거기에 잇닿은 화포천이 보입니다. 앞으로 이 풍경이 어떻게 달라질까요?

마을 앞 농지 27만 평 가운데 2만 평 남짓한 땅은 올해부터 시범적으로 친환경 농법인 오리 농법을 시행할 것이라고 합니다. 그리고 대통령이 "옛날의 그 오리, 기러기들을 다시 불러들이려고 한다."고 밝혔듯이 화포천도 되살아날 것입니다. 물론 짧은 기간에 이 모든 것이 실현되지는 않겠죠. 지체도 오류도 있을 것입니다. 그래도 가까운 과거, 어떤 정부가 그랬던 것처럼 멀리 보고 뚜벅뚜벅 나아갈 것 같지 않습니까?

　다녀오신 분들은 아시겠지만, 봉하마을은 시골에서 흔히 볼 수 있는 작은 마을입니다. 100미터를 15초쯤에 주파하는 분이라면 30초 정도 달려보세요. 마을 입구에서 대통령 사저까지 여유 있게 닿을 수 있습니다. 실제 거주하는 주민들은 40여 가구 120명 정도라고 합니다. 그곳에 봉하마을 주민으로 돌아온 전직 대통령 노무현이 있습니다. 그리고 지금도 그를 가슴 설레며 지켜보고 함께 변화를 준비하는 주민들이 있습니다. 짧은 시간 몇 명 만나는 것으로 다 알았다고 얘기할 순 없겠지만 〈사람사는 세상〉을 방문하는 분들과도 어딘가 닮아 있는 것 같습니다.

흙길 걷고 꽃 보고 새소리 듣는 게 '복지'

방문객 인사 (2008. 10. 19.)

이번에 와서 차나무를 심었습니다. 차를 따서 덖고 그다음 말려서 봉지에 넣으면 그게 차가 되는 건데, 물론 그걸 황차로 만드는 방법은 저희도 연구를 좀 더해야 합니다만 몇 년 뒤에는 차를 가져갈 수 있게 할 수 있을 겁니다.

차를 따는 것은 5월 한 달 정도이죠. 그 뒤에는 차 따기가 어렵습니다. 그럼 5월 지나고 나면 뭐하느냐? 산딸기 밭이 조금 있는데 저걸 제가 다 지을 수는 없고 농사짓는 사람들하고 얘기해서 하려고 하고. 그다음엔 옥수수가 나올 수 있을 겁니다. 그다음엔 고구마, 또 호박 이런 거 나오고, 또 뭐 좋은 거 있으면 할 수 있죠.

내년도에는 오시는 손님들이 참여할 수 있는 농사를 어떻게 지을 것인가, 올 겨울 동안에 저희가 궁리를 하고 연구를 좀 해 놓으려고 합니다. 이 앞의 논은 나락 농사 말고는 다른 농사를 지을 수 없는 농토이기 때문에 나락 농사를 해야 하는데….

여러분 산림욕 하시죠? ("예.") 산림욕을 하시는 게 산에는 산소가 풍부하고 나무들이 분비하는 여러 가지 다양한 물질들이 있어서 건강에 좋다는 것인데, 산소만 가지고 얘기한다면 나락 논의 산소가 숲에 못지않습니다. 그래서 논길을 걸으면서 산림욕을 할 수가 있겠죠.

그러면 다리가 아프니까 저희가 트랙터 마차를 하나 만들까 하는 생각도 하고 있습니다. 일반 트랙터는 매연이 나오니까 전기 자동차로. 진짜 말이 끄는 마차는 어떻겠습니까? ("좋아요.") 진짜 말이 끄는 마차로 이 마을 농장을 한 바퀴 도는 코스를 만들면 그것도 괜찮겠다는 생각이 드는데, 이제 저도 주저하는 것이 여러분 호주머니 돈이 축이 나지요. 그죠?(사람들 웃음) 저희로선 필요한 서비스라고 생각하지만 똑 돈벌이하는 것 같아서 좀 민망스럽게 될까 봐 그게 걱정이고요.

그다음에 이제 이 산 뒤로 화포천까지 트래킹을 하면 꽤 괜찮은 코스가 될 수 있는데 그건 시간이 좀 필요하고요. 그건 다 돈 들고 시간이 필요하고 한 일이라서…. 그다음에 이제 음식점도 하나 짓고, 운치 있는 찻집도 하나 내고, 하나가 아니고 좀 군데군데 내놓고 하면 좋겠지요. 제가 직접 할 돈은 없고, 여기 오면 돈벌이 된다 하고 누굴 유치를 해야 되거든요, 그죠? 물론 제 생각에는 돈을 버는 것이 아니라 본전 장사만 하고 사람들이 함께 즐길 수 있으면 좋겠는데…. 외부 자본을 유치하면은 투자한 사람이 돈 벌려고 할 거 아니에요, 그죠? 그러다 보면 바가지를, 노무현이 동네 갔더니 바가지를 씌우더라, 뭐….(사람들 웃음)

(포즈 잡아달라는 요구에) 그쪽은 아까 다 했잖아요? 예, 10초만 폼 잡아 드립니다.(사람들 웃음) 10초 만에 사진 찍을 기술도 없으면서….(사람들 웃음)

하여튼 얘기가 옆으로 샜습니다만 저희 마을이 가지고 있는 그런 고민들이 있습니다. 요즘 저희 마을 사람들이 청소를 많이 합니다. 다른 어느 마을보다 우리 마을이 깨끗할 겁니다. 아마. 그렇죠? ("예.") 깨끗한 동네 만들고 그다음에 이제 올 겨울하고 내년까지 나무와 꽃을 심을 겁니다. 저 들에 있는 풀을 다 베려고 생각해 봤는데 그건 너무 무리고, 꽃이나 나무를 지금부터 심기 시작하면 내년쯤엔 조금 좋아지는 건 조금 좋아지고 많이 좋아지는 건 많이 좋아지고 그럴 것입니다.

그리고 숲 가꾸기가 있는데 아, 숲 가꾸기 한다고 국정감사 온다고….(사람들 웃음) 25억짜린가 26억짜리 사업인데요, 김해시가 절반 대고 중앙정부가 절반 댑니다. 따지고 보면 국회의원 지역구 사업 하나보다 작아요. 대통령 5년 하고 오면서 고향에 숲 가꾸기 사업 25억짜리 하나 유치했다고 가정합시다. 예? ("예.") 그걸 갖고 쩨쩨하게….(사람들 웃음)

좋은 일은 아니죠. 대통령이 자기 고향에 무슨 사업 땡겨 가고 그런 것은 좋은 일은 아닙니다만, 또 그동안에 많이들 해 먹고, 아니 많이 해 자시고, 또 많이 가져가고 그러셨는데, 25억짜리 사업 한 개 가져왔다고 그걸 갖고 자꾸 그래쌌는….(웃음) 근데 여기 이 숲에서 사람들이 와서 하루 6만 원씩 받고 열심히 일을 하고 있습니다. 이 불경기에 그죠? ("예.") 나랏돈은 그런 데 쓰는 거 아닙니까?

나랏돈을 어디에 쓰는 거냐? 뭐 여러 가지 있는데, 국민소득이 3만 달러쯤 가면 국민들의 삶이 좀 여유 있어지고, 여유 있을 때 기차도 타고 다녀야 되지만 시멘트 포장을 떠나서 숲의 흙길 따라 풀과 나무와 꽃을 함께 보면서 새소리 벌레소리 들으면서 길을 걷는 삶이 돼야 하거든요. 그게 국민들의 복지지요. 당연히 나라에서 그런 걸 해야 하는데, 그런 걸 하는데 일자리까지 생겨요. 그렇게 일자리가 생기면 그것 또한 좋은 일이거든요. 그래서 숲 가꾸기 한다고 돈 까먹는 거 아니니까(웃음) 혹시라도 좀 봐주세요.(웃음)

하여튼 숲 가꾸기 하고 나면 이 마을을 찾는 사람들뿐만이 아니라 주변에 있는 초중등학교 학생들의 자연 학습터로 아주 유용하게 쓰일 것입니다. 오시는 선생님들 말씀이 요새 학생들한테 데리고 나갈 데가 없다고 그래요. 그런 학생들에게 자연 학습터가 될 수 있도록 마을을 가꾸어 나가려고 합니다. 누구에게 투자를 하라고 하는 것은 신중하게 결정해야 하는 일이라 판단을 잘못하겠어요. 여러분들은 계속 오실랑가 안 오실랑가? 계속 오실 건가요? ("예!") 한번 와 보면 끝이지, 뭘 또 두 번씩이나….(웃음)

2008년 4월 11~13일

봉하마을의 봄맞이

정구철 • 청와대 전 국내언론비서관

대통령에게 아이들은 특별합니다. 아마 봉하마을을 찾는 방문객 중 가장 환대받는 손님일 것입니다. 부모와 함께 온 아이들이 보이면 대통령의 얼굴이 환해집니다. 멀리서 찾아온 손자 손녀에게 뭐든지 챙겨 주려 하는 영락없는 할아버지의 모습입니다. 장난을 걸기도 하고, 어디에서 왔는지, 몇 살인지, 내가 누구인지 아느냐고 물으면서 관심을 보입니다. 짧은 만남이지만 그 시간을 통해 '무엇이든 될 수 있는' 아이들의 가능성에 좋은 영향을 주길 바라는 대통령의 배려가 묻어 있습니다.

"학원 말고 선생님한테 배우세요"

4월 둘째 주 주말 일정도 아이들에 대한 대통령의 특별한 사랑으로 채

112

위졌습니다. 11일 금요일 오전 대통령은 아이들 앞에 서 있었습니다. 양산 오봉초등학교 학생들입니다.

생가를 둘러보고 나온 학생들에게 대통령이 "옛날에는 초가집이었다."며 "별로지?"라고 묻자 아이들이 "아니요."라고 합창합니다. 고개까지 흔들며 강하게 부정하는 아이들도 있습니다. 그렇습니다. 초라해 보이는 생가지만 아이들에게는 뭔가 와 닿는 것이 있었던 듯싶습니다. 대통령의 작별인사가 재미있습니다. "학교 공부 열심히 하세요.""학원 말고 선생님한테 배우세요." 무슨 말인지 알아듣기라도 한 것처럼 아이들이 소리 내어 웃습니다.

그리고 서둘러 대통령은 자전거를 타고 봉화산 기슭으로 갑니다. 또 다른 아이들을 만나기 위해서입니다. 이번에는 좀 머리가 큰 학생들입니다. 진주외국어고 학생들이 대통령을 기다리고 있었습니다.

세상의 99퍼센트는 1등이 아닌 사람들

고등학생들이라 그런지 궁금한 것이 많습니다. 농촌 문제, 지역감정, 재임 시절의 고민과 어려움 등을 주제로 꽤 긴 시간 대화가 이어졌습니다. 다 옮길 수는 없고 인상적인 것 한두 가지만 전해 드리겠습니다.

질문 중에 '가장'이라는 말이 나왔습니다. 가장 좋았던 일, 가장 아쉬웠던 일 등 많이 접하는 질문입니다. 그런데 대단히 평범해 보이는 이 질문에 대통령은 대답을 망설였습니다. "참 대답하기 곤란하다."며 "언제부터인가 그런 질문에 답변을 하지 않게 됐다."고 뜻밖의 말을 했습니다. 줄을 세우고, 순서를 매기고, 그 순서에서 앞선 '1등만 기억하는' 세상에 대한 대통령 나름의 문제 제기였습니다. "우리는 1등과 승자만 주목하지요. 좋은 일과 나쁜 일조차 가장 좋았던 일과 그렇지 않았던 것으로 구분합니다. 그러나 세상의 99퍼센트는 가장이 아닌 사람들입니다. 나에게 가장이란 없습니다. 좋았던 일의 덩어리가 있고, 나빴던 일의 덩어리가 있을 뿐이지요. 돌아보면 나빴던 일도 항상 나쁜 것은 아니고, 좋았던 일도 언제까지 좋은 것은 아니었습니다. 나쁜 일이 좋은 일의 밑천이 되기도 하고요. 이번 국회의원 선거를 보면 진 사람도 있고 이긴 사람도 있습니다. 그러나 진 사람도 그 패배 속에 다시 승리할 수 있는 40퍼센트 정도의 가능성을 갖고 있습니다."

그러고는 한낮의 뙤약볕 아래에서 학생들과 그룹별로 일일이 사진을 찍었습니다. 주변에 있던 방문객 몇 사람이 "모자도 안 쓰고 저렇게 오래 사진을 찍으면 금방 얼굴이 타는데."라며 안타까워했지만 대통령은 마냥 즐거워 보였습니다.

손녀들에게는 '노 기사'

　12일 오후 자원봉사자들과 함께 봉화산에 장군차 묘목을 심을 때도 주
인공은 아이들이었습니다. 부모님과 함께 온 아이들 30여 명을 한 명도
빼놓지 않고 모두 불러내 대통령은 함께 묘목을 심었습니다. 묘목을 넣
은 구덩이에 흙을 덮고 아이들에게 꼭꼭 밟으라고 합니다. 그리고 '왜 흙
을 꼭꼭 밟는지' 그 이유를 자상하게 설명합니다. 고학년쯤 돼 보이는 아
이에겐 '모세관 현상'이라는 꽤 전문적인 용어를 써 가면서 알려 주기도
합니다. 어느새 대통령은 인자한 시골 학교 교장 선생님의 모습으로 변
해 있습니다.

　일요일인 13일 아침에는 손녀들을 수레에 태우고 자전거로 마을을 산

책하기도 했습니다. '남의 아이'들만 챙기는 것 같아서 손녀들에게 미안했기 때문일까요? 이날 대통령이 손녀들과 함께한 자전거 산책은 큰 화제가 됐습니다. 덕분에 대통령의 별명은 한 가지가 더 늘었습니다. "노 기사, 운전해!"의 '노 기사'로 말입니다.

대통령의 아이들에 대한 사랑은 어쩔 수 없는 천성입니다. 그러나 그것만으로 설명하기에는 부족합니다. 그만큼 각별하고 애틋하고 진지합니다. 대통령은 최근 '아이들에게 모범이 될 수 있는'이라는 표현을 자주 쓰곤 합니다. 얼마 전 과거 당에서 함께 일했던 젊은 당직자 몇몇이 방문했을 때에도 대통령은 기본과 규칙이 존중되는 정치를 얘기하면서 "아이들이 보고 배울 수 있어야 한다."고 강조했습니다. 아이들은 희망이고 미래입니다. 그 아이들을 정겹게 보듬으면서, 이 봄 대통령은 희망을 일구고 있었습니다.

청바지 입은 대통령과 농사꾼이 된 수석

아직 내려온 지 두 달도 채 되지 않았는데 봉하 비서

김정호(왼쪽), 김경수 전 비서관과 함께 마을 산책.

실 식구들은 완전히 '촌사람'이 됐습니다. 우선 밥 먹는 게 다릅니다. 질보다 양입니다. 부녀회 식당에서 비빔밥을 먹으면서 국물은 '쇠고기 국밥'으로 달라고 천연덕스럽게 주문합니다. 농부는 '밥심'으로 산다고 하는데 영락없이 그 모습입니다. '봉하찍사'라는 이름으로 사진 자원봉사를 하고 있는 전직 비서실 직원들은 밤 9시면 눈꺼풀이 내려온다고 합니다. 서울에 있을 때는 스스로 '야행성'이라고 생각했는데 체질이 바뀐 모양이라며 웃습니다.

마을 공동 작업을 담당하고 있는 김정호 전 비서관은 마을 주변의 꽃, 풀 들은 물론이고 지역의 역사나 생태도 모르는 게 없습니다. 점심을 먹고 함께 사저로 돌아오는 길, 마을 어귀에서부터 말을 걸어오는 사람이 많아서 한참 걸렸습니다. 참견은 또 얼마나 하는지, 딸기를 파는 마을 아주머니들과 한참 너스레를 떠는데 장난이 아닙니다. 덕분에 옆에 서 있다 딸기도 먹고 식혜도 한잔 얻어 마셨습니다.

봉하 비서실의 맏형인 이호철 전 민정수석은 요즘 부인에게 꽤 잔소리를 듣는다고 합니다. 대통령 옆에 자주 있게 되면서 신문이나 TV에 얼굴이 가끔 나오곤 하는데, 영 안 멋있다는 것입니다. 제가 봐도 '전직 수석'의 냄새는 전혀 나지 않는 농사꾼의 모습입니다. 그러나 어쩌겠습니까. 농사일 하기에는 그게 편하고, 그러다 보니 어느새 마음까지 농부를 닮게 되는 것을 말입니다.

대통령도 이미 '이웃 할아버지'로 공인된 것 같습니다. 12일 처음으로 청바지 차림으로 방문객들 앞에 나섰는데 '대통령의 청바지'에 관심을 갖는 사람이 거의 없었습니다. 오늘 처음 청바지를 입고 나왔는데 어떠하냐고 물으니 오히려 놀랍니다. "처음이신가요? 많이 입으셨던 것 같은데." 그 대답이 오히려 기분 좋습니다.

시행착오 끝에 노하우도 생기고

대통령과 봉하 식구들은 그렇게 농촌과 농부의 마음으로 들어가 있습니다. 그 마음이 만든 '새로운 관계'는 살기 좋은 지역 만들기라는 대통령의 구상과 계획에 큰 힘이 될 것입니다.

그 때문에 봉하의 봄은 분주합니다. 아직은 공부하고 연구하고 계획하는 것이 많습니다. 어떻게 시작하고 어떻게 추진할지를 마을 분들과 모여서 의논하고, 필요하면 관련 단체나 기관과 상의하고 하는 일들이 대부분입니다.

제가 도착하던 11일 오전, 이호철 전 수석의 얼굴이 부석부석하고 피곤해 보였습니다. 친환경 농사 문제로 전날 밤 마을 주민들과 밤늦도록 회의를 한 뒤 뒤풀이가 이어져 집에 들어가지 못했다고 합니다. 김정호 전 비서관은 서둘러 점심을 먹은 뒤 농어촌공사 사람들과 유기 농업에 필요한 물 문제를 협의하고 있었습니다. 봉화산 기슭에는 간벌 작업이 한창이었습니다. 그래서인지 갈 때마다 봉화산이 조금씩 달라 보입니다.

대통령은 12일 오전 화포천 일대를 둘러보았습니다. 특히 마을 주변 농수로를 꼼꼼히 살펴보았습니다. 농사에 필요한 좋은 물을 확보하려면 수로에 오염 물질이 들어오지 않도록 관리하는 것이 가장 중요하기 때문입니다. 오염원이 들어올 수 있는 곳을 일일이 확인하고 해결 방법을 당부했습니다. 주변의 축산 농가에 들러 분뇨 처리 상황을 묻기도 했습니다. 지나가는 마을 주민들과 환경순찰대나 감시단을 만드는 문제도 논의했습니다.

매일 반복되는 일상의 한 단면입니다. 그래서인지 너무 바쁩니다. 비서진끼리 서로 얼굴 보는 것조차 쉽지 않습니다. 점심이 회의로 바뀌는 일은 다반사입니다. 이날 점심때도 화포천 청소 계획, 오후에 도착할 자원봉사단의 작업 배정 등이 논의되고 결정됐습니다.

아직 갈 길이 멉니다. 화포천 습지 살리기, 봉화산을 아름답고 포근한 숲으로 가꾸는 일, 테마가 있는 관광 마을 조성, 친환경 농업, 지역의 특성에 맞는 소득 작물 재배 등 어느 것 하나 쉽고 만만한 일이 없습니다. 따지고 보면 이 중 구체적인 사업을 시작한 것보다 그렇지 않은 것이 더 많습니다.

시행착오도 있었습니다. 처음 장군차를 심을 때는 기술 부족으로 심은 묘목의 30퍼센트밖에 건지지 못했습니다. 장군차가 워낙 예민한 식물이라 전문가가 심어도 생존율이 그렇게 높지는 않습니다. 그래도 평균보다 훨씬 낮은 생존율 때문에 고민이 이만저만이 아니었다고 합니다. 다행히 지금은 70~80퍼센트 가까이 살려내고 있습니다. 노하우가 생긴 것이지요. 지식 농업이라는 게 별건가요. 이처럼 실패를 통해 노하우가 쌓이고 그것이 우리 모두에게 공유되면 그것이 바로 지식 농업 아니겠습니까.

농촌 문제도 웹 2.0 방식으로

대통령은 앞으로 살기 좋은 지역 만들기 사업을 공유와 참여, 개방이라는 웹 2.0 방식으로 해 볼 구상을 갖고 있기도 합니다. 오리 농법, 봉화산 토양에 맞는 수종 선정 등 고민이 있을 때마다 웹을 통해 공개해서 관련되는 분들의 도움을 받을 생각입니다. 집단의 지식 및 다수의 참여와 협력이라는 새로운 방식을 통해 농업 문제를 해결해 보겠다는 것이지요.

그렇게 봉하의 살기 좋은 지역 만들기는 한걸음씩 나아가고 있습니다. 고민과 모색, 실험의 단계를 거치고 나면 구체적인 윤곽이 드러날 것입니다. 그때 좀 더 자세한 내용을 전해 드릴 수 있을 것 같습니다. 그러나 분명한 것은 대통령의 꿈은 유기농이나 아름다운 숲, 생태의 복원 그 자체에 있는 것이 아니라 그것을 통한 농촌 공동체의 '희망의 발견'이라는 것입니다. 실현 가능한 목표와 비전이 생기면 사람들은 모입니다. 찾아오는 농촌, 돌아오는 농촌은 거기서부터 시작될 것입니다.

지금 봉하에는 봄이 가득합니다. 그 봄 향기 아래서 새로운 시도와 모색이 이루어지고 있었습니다. 못 보던 나무가 보이고 산과 마을, 그 마을을 돌아 흐르는 물길의 모습이 조금씩 변해 가고 있습니다. 사람들의 표정에도 변화가 보입니다. 바로 희망의 표정입니다.

약자 지키는 학이 용보다 낫습니다

방문객 인사 (2008. 8. 14.)

건넛산이 뱀산이고, 그 앞쪽이 이제 화포천입니다. 옛날에는 여기까지 다 화포천이었는데 여기 농장이 조성되면서 이제 저쪽 바깥쪽만 화포천입니다.

화포천은 경상남도에선 꽤 덩치가 큰 습지입니다. 옛날에는 습지라면 쓸모없는 땅이었는데 요즘은 습지라면 조금 알아주는 땅이 됐죠. 낙동강 하구에 왔던 철새가 여기 와서 잠시 놀다가 주남저수지로 갔다가 창녕 우포늪으로 이리저리 다니는 통로지요.

저희 어릴 때는 하늘이 새까맣게 철새들이 날아다녔습니다. 요새는 하얀 새가 죽 서쪽으로만 날아갑니다. 지금 4시인데, 6시가 되면 그때부터 하얀 백로가 저기 주남저수지 쪽으로 날아갑니다. 거꾸로는 안 날아가요. 가긴 가고 돌아가는 건 어디 딴 데로 돌아가는지 날아만 가는데, 녹색 산을 배경으로 해서 새가 날아가는 모습이 참 아름답습니다.

화포천 안에 개구리산이 하나 있습니다. 개구리를 닮아서 개구리산이라고 한건가 해서 봤는데 개구리는 안 닮았더라고요.(웃음) 뱀산 앞에 있다고 개구리산인가 봐요. 뱀 앞에 있으니까 개구리 아니겠습니까, 그죠? 그런데 수만 년 됐는데도 아직 뱀이 그 개구리를 못 먹고 있습니다.

근데 그러고 있는데 제가 대통령이 돼 버리니까 이 뱀산을 보고 "이거 용산이다."(사람들 웃음) 왜 용산이냐? 이 동네 용 났지 않느냐 이거지요. 우리 진영을 소개하는 책자에 까딱하면 '용산'이라고 들어갈 뻔했어요. 근데 제가 넣지 말자 그랬습니다. 왜냐하면 "미꾸라지 용 됐다." "개천에서 용 났다." 하는 말이 들을 때 기분이 좀 으쓱해지다가도 한편으로는 좀 기분이 안 좋아요.

용이란 놈이 지가 용 될 때까지 남한테 좋은 일을 하는 법이 없습니다. 이무기가 여의주를 얻어야 용이 되는데 여의주를 얻기 위해서 뭘 해야 되느냐? 힘없는 사람을, 위기에 처한 힘없는 처녀를, 아니면 아이를 구해 준다든지 그렇잖습니까? 배고픈 놈 밥을 준다든지, 그 외에 무슨 조화를 부려 가지고 비가 많이 오게 해서 백성들을 배불리 먹게 해 준다든지, 용의 전설에 이런 거 있습니까? 없었던 거 같아요.

그러면 용이 됐으면 뭐 좀 해야 할 거 아닙니까? 되고 나서도 용이 풍운조화를 일으키고 다니는데 항상 구름 안에서 풍운조화를 일으키고 다닙니다. 몸 전체는 안 보여 주고 절반쯤 구름에 가려 있는 용만 보이지 않습니까, 그죠? 그런데 풍운조화를 부리긴 부리는데 마을 사람들이 가뭄 들어서 걱정하고 있을 때 비 뿌려 주는 풍운조화는 없었던 것 같아요. 처녀 안 갖다 바치면 온 동네가 가물고, 홍수질 때 그때 말 잘못하면 꼬리로 둑을 때려 가지고 홍수 나게 하고, 용이란 게 그 짓만 하고 다닙니다. 지 잘났다고.

임금 자리를 용상이라고 하지만 임금은 그래도 좋은 일을 한 임금이 더러 있는데 용은 좋은 일을 한 법이 별로 없습니다. 그래서 제가 용 안 할라고.(사람들 웃음) 그래서 용산 하지 말라 했습니다.

용산은 싫은데, 하고 싶은 게 한 개 있습니다. 여러분이 소원을 빌어 주실랑가 말을 한번 해 볼랍니다. 저 건넛산에 가서 이 산을 바라보면 딱 날개를 이렇게 펴고 있는 새의 모습입니다, 큰 새. 정말 누구도 아니라고 말할 수 없을 만큼 어스름에 저 산에 가서 보면 딱 이렇게 날개를 펴고 있는 새입니다.

　저희 초등학교 다닐 때 이 산을 학산이라고 했는데, 학처럼은 안 생겨서 그 이름이 그동안 잊혔는데, 근데 그때 들은 얘기로는 이 학이 뱀을 딱 노리고 있습니다. 안 그랬으면 뱀이 개구리를 벌써 잡아먹었을 텐데, 이 학이 뱀 머리를 딱 노리고 있기 때문에 뱀이 개구리를 못 잡아먹고 있다는 겁니다. 생태계의 균형을 이루고 있다고 말할 수도 있고, 개구리를 아직도 보호하고 있는 수호신이기도 합니다. 화포천에 있는 개구리 독뫼의 수호천사가 바로 이 새입니다.

　그러니까 뭐 큰일은 아니지마는 그래도 어떻든 우리 생태계의 균형을 유지하고 약자를 보호하고 있는 산이지 않습니까, 그죠? 뭐 센 놈은 먹게 돼 있는 게 자연의 질서이긴 하지만, 그래도 기분에…. 그래서 같은 값이면 우리는 이 산의 정신을 좀 본받자, 뭐 대통령이라도 요 새처럼 생긴 산에서 난 대통령을 해야지 개구리 잡아먹는 산에서 난 대통령보다.(사람들 웃음) 그죠?

　약자 편에 선, 용보다는 학이 낫다, 개구리를 살리는 학이 낫다. 그래서 학산 대통령이라면 좋겠는데 제가 생기기를 전혀 학하고 다르게….(사람들 웃음) 내일부터 하얀 옷을 입고 한번 나와 볼까 생각 중입니다.(웃음)

어쨌든 그렇습니다. 이제 김해가 많이 개발이 됐는데 요 농장이 아직 개발은 안 됐고, 요 화포천이 뭐 상류에 공장이 확 들어섰지만은 오염이 그리 심하지는 않고 아직 철새가 많이 날아오고 수달도 삽니다. 요 뒷산 일대가 오른쪽 날개 20만 평, 왼쪽 날개 20만 평, 그럼 지 몸뚱이도 한 10만 평 돼야 되지 않겠습니까? 한 50만 평 되는데, 요 산이 야산이긴 하지만 올라가면 주위가 널리 보이기 때문에 높은 산입니다. 야산이면서 높은 산으로 우린 그렇게 기억하고 있거든요. 많이 보이는 게 높은 산이지 않습니까, 그죠?

그래서 이제 요 세 개의 자연을 우리 마을이 아울러서 생태 마을, 생태 농장, 생태 습지, 생태 숲, 이런 것을 한번 가꾸어 보는 것이 저의 소원이라서 마을 사람들하고 요새 의논을 많이 하고 있습니다. 우리 비서들이 수고를 많이 하지만, 마을 사람들 설득하고 해서 청소도 많이 하고, 구정물도 많이 퍼내고, 쓰레기 갖다 버리는 것도 다 지키고, 그다음에 조금씩 조금씩 넓혀 나가려고 합니다. 나중에 여기 오면 우리가 어릴 때 접했던 시골 산의 생태계, 그러니까 물고기도 많고, 풀 벌레도 많고, 풀과 나무도 우리가 어릴 때처럼 그렇게 많아서 친근한, 아이들이 오면 도시 생활과는 좀 다른 체험을 할 수 있는 그런 마을로 한번 꾸며 보려고 합니다.

희망을 꿈꾸는 늪, 화포천을 아시나요

백승권 ◦ 청와대 전 홍보수석실 행정관

화포천을 아시나요. 자연과 환경 문제에 어지간히 관심을 가진 사람들도 우리나라 최대의 자연 하천형 습지인 화포천의 이름은 생소할 것입니다.

대통령은 3월 3일 공식 홈페이지 〈사람사는 세상〉에 올린 '봉하에서 띄우는 두 번째 편지'에서 몇십 년 만에 돌아와 마주친 고향의 모습을 이렇게 묘사했습니다.

"가는 곳마다 물에 떠내려 온 쓰레기, 누가 몰래 갖다 버린 쓰레기가 가득했습니다. 그중에서도 화포천의 쓰레기와 오염은 참 가슴이 아팠습니다. 제 어린 시절에는 하늘이 새까맣게 철새들이 날아들던 곳입니다. 개발 시대에 버려진 한국 농촌의 모습, 농민 스스로의 마음에서도 버림받은 농촌의 모습을 보는 것 같아서 마음이 아픕니다. 그동안 대통령은 무엇을 했을까? 자꾸만 부끄러워집니다."

개발과 무관심 속에 망가진 습지

화포천은 대통령의 고향이자 현재 사저가 있는 경상남도 김해시 진영읍과 이웃 동네인 진례, 한림, 생림면에 걸쳐 있는 대규모 습지입니다. 용청천, 설창천 등 크고 작은 아홉 개 지천의 물이 모여 하천 습지를 이루고 그 물이 흘러흘러 낙동강 하류와 만납니다. 이런 지형상 특성 때문에 화포천은 오랫동안 낙동강 배후습지로서 홍수 조절, 수질 정화, 농업용수의 중요한 기능을 해 왔습니다.

부산대 생물학과 주기재 교수에 따르면 3000여 년 전 옛날엔 이곳이 바다였다고 합니다. 긴 세월 낙동강의 범람으로 퇴적물이 쌓이면서 광활한 면적의 화포천 늪지가 만들어진 것이지요. 화포천의 총 유역 면적은 5000제곱킬로미터입니다.

과거엔 대부분 습지였던 하천 유역 땅은 산업화 시대를 거치면서 철도와 제방이 들어서 조각이 났습니다. 그렇게 잘려 나간 습지는 농지로 바뀌었고 최근엔 그 농지 위에 농사용 비닐하우스가 세워지고 우후죽순처럼 공장까지 들어섰습니다. 현재 원형을 유지하고 있는 습지 구간은 길이 6킬로미터에 평균 폭이 400미터, 중앙부를 중심으로 2제곱킬로미터입니다. 하늘에서 보면 큰 표주박 모양입니다.

이곳엔 황조롱이, 하늘다람쥐 등 멸종 위기 동물들과 왕버드나무, 창포

군락, 노랑어리연, 통발, 자라풀, 수염마름 등 희귀 식물들이 살고 있습니다. 경남발전연구원이 조사한 2006년 전국내륙습지 정밀조사 '화포늪' 편에 따르면 식물 295종, 포유류 12종, 조류 68종, 어류 14종, 양서파충류 12종, 육상곤충 101종, 저서성 대형무척추동물 52종 등 다양한 생물들이 화포천에 사는 것으로 조사됐습니다.

화포천은 우포늪-주남저수지-화포천-낙동강 하구 을숙도로 이어지는 철새들의 이동 경로였습니다. 과거엔 남쪽으로 혹은 북쪽으로 옮겨 가는 철새들이 잠시 쉬어 가는 중간 기착지 역할도 했다고 합니다. 이렇게 화포천은 그 유역에 깃들어 사는 사람에게나 뭇 생물들에게나 더할 수 없이 귀중한 젖줄이고 어머니의 품 같은 존재입니다.

그러나 생태적, 실질적 가치에도 화포천은 모두에게 잊힌 습지였습니다. 최근엔 철새들의 발길도 뜸해졌습니다. 북한의 삼지연이나 경남 창녕의 우포늪처럼 많은 사람들과 매스컴의 관심도 받지 못했습니다. 꼭 관심을 받지 못해서 그런 것은 아니겠지만 화포천은 그동안 무분별한 개발과 방치로 인해 습지의 원형이 손상되고 심각한 오염으로 몸살을 앓아 왔습니다.

대통령과 함께 화포천 지키기 나선 주민들

그런데 그 화포천이 새롭게 우리에게 다가서고 있습니다. 그동안 알려지지 않았던 가치가 재발견되고 늪을 지키려는 노력이 하나둘 실천으로 옮겨지고 있습니다. 그 현장의 중심에 귀향한 대통령이 있습니다.

대통령은 재임 중이던 2007년 3월 3일 봉하마을을 방문한 자리에서 화포천 가꾸기에 대한 관심을 밝혔습니다. 그리고 한 해 뒤 귀향하자마자 팔을 걷어붙였습니다.

대통령은 퇴임 이후에도 재임 시와 다를 바 없이 바쁜 일정이지만 화포천을 위해 많은 시간과 노력을 쏟고 있습니다. 3월 6일 지역 주민, 시민단체 회원 300여 명과 함께 직접 장화를 신고 화포천 일대 쓰레기 줍기에 나선 것을 시작으로 △3월 20일 낙동강 개선을 위한 지역 환경 단체 '맑은 물 사랑 사람들' 회원과 오찬 및 이 단체 고문 수락 △4월 13일 자원봉사자들과 청소 및 억새 태우기 △4월 14일 경남 창녕 우포늪 방문 △

4월 19일 청소하는 자원봉사자 격려 △4월 24일 한림초등학교 화포천 지킴이 활동 격려 △4월 26일 화포천 환경지킴이 봉하마을 감시단 발대식 참석 등 많은 일정과 행사를 소화했습니다.

대통령은 화포천을 제대로 가꾸기 위해선 일회적인 행사만으로는 부족하다고 생각합니다. 그래서 마을 부녀회가 운영하는 식당에서 처음으로 쇠고기 국밥을 먹던 날, 함께한 마을 사람들에게 여러분이야말로 화포천의 주인이기 때문에 결국 화포천을 지키는 것도 여러분이 나서지 않으면 안 된다고 설득하며 자발적으로 감시단을 만들 것을 제안했습니다.

4월 13일 자원봉사자들과 화포천변에서 억새풀을 태우던 대통령은 충격적인 장면을 목격합니다. 억새풀을 태우고 난 뒤 몇몇 주민이 본산 배수장 초입에서 불법 어로에 쓰인 그물을 발견한 것입니다. 그물 속에는 산란을 위해 하류에서부터 거슬러 온 팔뚝만 한 잉어 수십 마리가 퍼덕거리고 있었습니다. 그날 밤 비서진과 마을 청년들은 한 손에는 손전등, 한 손에는 낫과 갈고리를 들고 나가 일곱 개 정도의 그물을 더 걷어냈습니다. 이 사건을 계기로 대통령은 화포천 지키기에 더욱 박차를 가했고, 주민들 역시 감시단의 필요성을 절감하게 됐습니다. 대통령의 요청으로 김해시를 비롯한 유관 기관의 협조와 관심도 더욱 높아 갔습니다.

요즘 봉하마을 청년들은 거의 매일 밤낮없이 바쁜 하루를 보내고 있습니다. 종일 고된 농사일을 마치고 나면 밤늦은 시각 봉하 감시단 사무실

에 모입니다. 간단히 회의를 한 뒤 밀렵, 쓰레기 투기, 오·폐수 방류 등을 막기 위한 환경 감시 활동에 나섭니다. 화포천 일대를 한 바퀴 순찰하고 나면 어느새 자정이 가까운 시각입니다.

반갑다 수달! 반갑다 창포!

감시단은 짧은 활동 기간에도 화포천의 진면목을 알리는 데 빼놓을 수 없는 성과를 만들어 냈습니다. KBS 〈다큐멘터리 3일〉 제작팀이 '대통령의 귀향-봉하마을 3일간의 기록'을 촬영하던 중 감시단의 야간 순찰에 동행했는데, 그때 습지 중앙부인 버드나무 다리 부근에서 수달로 추정되는 동물을 발견한 것입니다. 일부에선 뉴트리아가 아니냐는 추측도 있었지만 상경한 KBS 제작팀의 확인 결과 수달이 맞더랍니다. 앞으로 학계의 정밀한 조사가 필요한 대목입니다.

화포천 살리기에서는 인근 한림초등학교의 노력도 빼놓을 수 없습니다. 한림초등학교는 지난해 습지 교육 시범학교로 지정된 이후 학생들이 정기적으로 습지 생태계를 탐방하고 정화 및 환경 지킴이 활동을 펼쳐 가고 있습니다. 올해도 아홉 차례의 정화 및 지킴이 활동을 비롯해 4기까지 습지 체험 캠프를 운영할 계획이라고 합니다.

특별한 일도 있었습니다. 대통령은 4월 24일 한림초등학교의 자원봉사를 격려하러 왔다가 학생들이 모여 있는 인근에 창포 군락이 넓게 자생해 있는 것을 발견했습니다. 문득 열흘 전 우포늪을 방문했을 때 안내하던 관계자가 창포는 아주 귀한 식물이며 한 포기라도 뽑으면 30만 원의 벌금을 문다고 했던 기억이 떠올랐습니다. 대통령은 우포늪에서 애지중지하는 창포가 이렇게 드넓은 군락으로 자생해 있으니 이걸 가치로 따지면 도대체 얼마나 큰 것이냐고 학생들에게 일러 주었습니다. 대통령은 만년필 모양에 진노란 화분을 달고 있는 창포 꽃밥을 직접 가리키며 꽃창포와 다른 점을 학생들에게 설명해 주었습니다. 즉석 '식물 해설사'가 된 것이지요.

주민과 학생들, 그리고 먼 곳에 살고 있지만 화포천에 관심과 사랑을 가진 사람들의 이런 화포천 지키기 노력을 담아 낼 온라인 동호회 마당이 조만간 〈사람사는 세상〉에 열릴 예정입니다. 귀향한 지 두 달 보름이 지난 지금까지 계속되고 있는 대통령과 봉하마을 주민들의 화포천 지키기 노력은 이제 조금씩 성과를 내고 있습니다.

메마른 땅에 물 공급할 자동수중보 필요

대통령은 4월 30일과 5월 2일 봉하 벌판의 농수로를 살펴보고 화포천 일대를 둘러봤습니다. 2일엔 경상남도 도청, 농어촌공사 관계자와 함께 화포천 하류 지역에 있는 금곡마을 부근의 간이 물막이 작업 현장까지 찾아갔습니다. 그 자리에서 대통령은 화포천을 지키기 위해선 쓰레기를 청소하는 것뿐만 아니라 현재의 수위를 올려 안정적으로 유지할 자동수중보 시설이 필요하다고 동행한 관계자들에게 제안했습니다.

"습지가 장관이었는데 지금은 육지가 됐습니다. 치수(治水)를 한다고 가운데 수로를 파고 물을 빠르게 빼내 수만 평의 늪지가 계류지(稽留地) 역할을 하지 못하고 전부 말라 버렸습니다. 이렇게 육지화를 방치하면 습지의 기능도 사라지고 맙니다. 수위를 한 50센티미터만 높여도 주변 농장의 농업용수도 해결되고 환경도 되살아날 것입니다."

5월 6일 오후 화포천에선 대대적인 환경 정화 활동이 벌어졌습니다. 김해시 공무원과 농어촌공사 직원, 자연보호협회 회원, 바쁜 농사일에도 짬을 낸 지역 주민 등 1000여 명이 화포천변의 쓰레기를 수거했습니다. 대통령은 김해시 관계자, 습지 전문가들과 함께 직접 보트를 타고 불법 어로 행위에 쓰였던 폐그물 철거 작업을 함께했으며 수중 쓰레기 실태를 살펴봤습니다.

대통령은 화포천에 수달 등 다양한 동식물이 서식하고 있지만 이에 대한 실태 연구가 부족함을 안타까워하면서 전문가들의 조사와 연구 작업을 통해 체계적인 생태계 복원 계획을 수립하고 생태 지도도 만들었으면 좋겠다는 뜻을 밝혔습니다. 또 앞으로 화포천을 사랑하는 지역 주민들이 앞장서서 화포천을 지키고 가꾸는 활동에 적극 동참해 줄 것을 요청했습니다. 대통령은 이 자리에서도 자동수중보의 필요성을 재차 강조했습니다.

"화포천 하류 지점에 자동수중보 등 꼭 필요한 시설만 설치해도 화포천의 수위는 안정적으로 유지됩니다. 그렇게 되면 농업용수가 확보될 뿐만 아니라 수질까지 개선돼 일반 농사는 물론 친환경 농사를 하는 데 큰 도움이 될 것입니다. 수위가 높아지면 메말랐던 땅이 물에 잠겨 습지 생태계 여건이 호전됩니다. 어류, 수생식물, 수서곤충들의 식생 여건이 좋아지고 떠났던 철새도 돌아옵니다. 그 자체로 김해시를 대표하는 훌륭한 생태 학습장이요, 관광자원이 될 것입니다."

농수로에 팔뚝만 한 잉어가 펄떡

5월 7일 봉하 벌판을 가로지르는 중앙 농수로에선 새 물을 맞이할 준비 작업이 한창이었습니다. 지난 주 금곡마을 부근에 설치한 간이 물막이 작업으로 화포천 수위가 서서히 상승하자 그 여파에 따라 봉하마을의 농수로 수위도 상승했습니다. 그날 오후 늦게 각종 일정을 마친 대통령이 그 상황을 살펴보기 위해 나섰는데 팔뚝만 한 잉어 떼가 대통령 일행을 맞았습니다. 수위가 높아지자 알 낳을 자리를 찾아 중앙 농수로까지 거슬러 온 녀석들이었습니다. 대통령은 그 모습을 지켜보고 반갑고 놀라운 표정을 감추지 못했습니다.

지금은 만수위에 이른 농수로의 물을 일단 전부 빼내고 바닥의 오염된 슬러지(침전물)를 걷어내는 준설 작업이 모두 끝난 상태입니다. 이제 머지않아 새 물이 봉하의 너른 벌판을 가득 채울 것입니다.

대통령은 "앞으로 대책 없이 축산 폐수와 공장 폐수가 농수로로 흘러들어와선 안 된다."며 "문제를 해결한다는 관점에서 인근 축산 농가 및 공단 대표들과 간담회를 열어 수질의 심각성을 알리고 재발 방지 대책을 세우자."고 했습니다. 또 공단협의회와 김해시가 협력해서 공단 부근에 부지를 매입해 오염 저감을 위해 저류지를 조성하고 부레옥잠 등 수생 정화 식물을 심어 줄 것을 요청했습니다.

5월 13일엔 대통령과 본산리 5개 마을 이장단, 본산공단협의회 관계자, 김해시 관계자와의 간담회가 있었습니다. 이 자리에서 참석자들은 화포천 오염 문제의 심각성을 공유하고 앞으로 봉하마을과 화포천 주변 환경 문제를 협의할 조직을 만들어 함께하는 방안을 검토하기로 했습니다.

그보다 앞서 9일엔 비서진이 화포천을 가로지르는 경전선 복선화 현장에서 철도시설공단 관계자들과 간담회를 했습니다. 이미 진행된 복선화 공사로 인해 습지 구역의 훼손이 불가피하지만 이후라도 화포천 생태계의 손상을 최소화하고 마무리 공사 때 최대한 원상회복시키는, 이런 상황에서도 개발과 보존이 조화를 이룰 수 있는 묘안을 만들어 보자는 대

통령의 당부를 협의하는 자리였습니다. 공사 기간 중 토사 유출 방지 대책, 화포천변 차량 도로 변경 및 생태 탐방로 건설, 뱀산·봉화산에서 화포천으로 이어지는 동물 이동 통로 확보 등이 협의됐습니다.

"화포천이 되살아나면 환경도 마을도 되살아납니다"

왜 대통령은 화포천 지키기에 그렇게 많은 노력을 기울이고 있는 것일까요. 고향의 옛 모습을 되살리고 싶은 호사스러운 취미의 발로일까요.

아니면 갑자기 근본적인 환경주의자라도 된 것일까요. 대통령의 정치적 역정과 그간 지켜 온 가치에 조금이라도 관심을 가진 사람이라면 굳이 설명하지 않아도 금세 이유를 알 것입니다.

대통령은 화포천 지키기가 환경을 살리는 문제를 넘어 농업과 농민, 그리고 농촌을 살리는 길의 들머리라고 믿고 있습니다. 이 같은 믿음은 재임 중 여러 차례 밝힌 퇴임 후 구상과 맞닿아 있습니다. 대통령은 기회가 닿을 때마다 고향으로 내려가 마을 숲을 가꾸고 농촌 공동체를 복원해 살기 좋은 농촌, 사람들이 돌아오는 농촌을 만들겠다고 했습니다.

화포천 지키기는 봉화산 숲 가꾸기와 함께 지금 봉하 벌판에서 큰 변화를 준비하는 친환경 농업과 밀접한 관련이 있습니다. 대통령의 권유에 따라 봉하 벌판에선 올해 처음 2만 5000여 평의 친환경 오리 농법 논이 탄생합니다. 폐원된 단감 과수원은 친환경 장군차 재배 단지로 바뀌고 있습니다. 고소득 작물로 연근을 심었던 연밭도 수생식물 생태 학습장을 목표로 800평에서 2000평으로 늘었습니다. 아예 봉하마을 전체가 친환경 생태 학습장으로 다시 태어나는 것이지요.

그러나 농약과 비료에 의지하지 않는 것만으로 친환경 농업이 저절로 되는 것은 아닙니다. 무엇보다 농사의 근본인 물과 흙이 살아나고 농사를 짓는 사람들의 생활과 실천이 친환경적으로 변화해야 합니다. 화포천과 봉화산 숲을 지키고 가꿔야 하는 까닭이 여기에 있습니다.

대통령은 4월 27일 봉하 벌판의 첫 번째 못자리 만드는 작업도 거들었습니다. 얼마 전 결성된 '봉하마을 친환경농업생산단지추진위원회' 고문도 흔쾌히 맡았습니다. 대통령이 봉하마을 농민들에게 친환경 농업을 권유한 것은 친환경 고품질 쌀을 만들어 내지 않으면 수입 쌀이 전면 개방되는 2014년 이후엔 벼농사가 설 자리가 없을 것이라는 절박함이 1차적 이유였습니다.

　　그러나 더 멀리 보면 친환경 농업으로 농촌의 마을 공동체와 생태계가 복원되고 아름다운 자연경관까지 조성되면 거기서 살아가는 농민들의 삶도 행복해지고 이것 자체가 훌륭한 관광자원이 돼 농업 이외에도 새로운 부가가치가 창출될 수 있다고 봤기 때문입니다. 그래야 살기 좋은 농촌, 돌아오는 농촌을 만들 수 있습니다.

　　화포천과 봉화산, 친환경 농업은 앞으로 봉하라는 대한민국의 작디작은 마을을 피폐한 농촌이 다시 살아나는 희망의 근거지로 바꿔 낼 것입니다. 거기에 밀짚모자를 쓰고 자전거를 타는 대통령이 함께하고 있습니다.

땅강아지도 사는 논을 만들어 보려 합니다

방문객 인사 (2008. 8. 3.)

2014년 되면 쌀이 완전 개방됩니다. 그러니 차별화할 수 있는 쌀을 만들어야지요. 그래서 농약을 안 치는 친환경 농업을 하려고 합니다. 단지 유기농뿐만이 아니라 사람들이 함께 편안하게 가서 접근하고 어울릴 수 있는 생태 환경을 만들어 놓고 쌀 고객이 이 지역 고객이 될 수 있도록, 이 지역에 와서 친근한 생태 환경을 그대로 체험하고 함께 농사도 함께 짓고.(웃음) 뭐 많이야 짓겠습니까? 하는 척만 하겠죠. 그렇지만 같이 농사를 체험도 해 보고 또 그 쌀을 사가기도 하는, 말하자면 자연 생태계와 경제적인 생태계를 결합시키는 사업을 해 보려고 합니다.

올해는 마을 분들이 서로 동의가 돼서 전체 한 24만 평 중 2만 5000평에 오리 농법을 실시했습니다. 내년부터는 좀 더 많이 오리 농법이나 우렁이 농법, 미꾸라지나 쌀겨 농법으로 바꿔서 한 3~4년 지나면 전체를 유기농으로 전환하고, 그동안에 주변 환경을 완전히 생태 환경으로 바꿔 보려고 합니다. 논 가운데 물길을 길게 파고, 논과 논 사이에 의도를 만들고, 논두렁을 넓게 해서 거기에 곤충이 살게 하고. 땅강아지 기억하시죠? 요새 땅강아지 없잖아요. 땅강아지도 살게 하고, 웅덩이를 크게 파서 겨울에 고기가 그 안에서 숨어 살게 하고, 이렇게 하면 생물의 종류가 다양해지면서 흙이 살아납니다. 한 10년쯤 걸려서 완성해 보려고, 외형상으로는 5년 정도면 모양을 갖출 수 있게 한번 해 보려고 합니다.

근데 이게 다 사유지여서, 사유지고 외지인 논이고 해서 쉽지는 않겠습니다만 할수 있는 데까지 한번 해 보자는 것이죠. 이 마을의 욕심입니다. 그러자면 손님들이 계속 오셔야 되거든요.(웃음) 근데 또 그리해 놔야 손님들이 계속 오잖겠어요?

　고민이 있습니다. 손님들 떨어지면 어떡하나.(웃음) 그래서 손님들 계속 오길 바라지요. 왜냐하면 쌀 팔아 먹으려고.(사람들 웃음) 나중에 쌀 팔아 먹어야 되거든. 그렇지 않습니까? ("예.") 그래서 오시면 좀 쉬고 밥 먹고 또 놀고 뭐 공연도 보고 할 수 있는 장터를 하나 기획하고 있습니다. 근데 그것도 이제 전부 사유지이고 돈이 많이 드는 일이라서 할 수 있을는지 모르겠습니다.

　장터라는 곳이 장사만 하는 곳이 아니라 사람을 만나는 곳이기도 합니다. 옛날에 장에 가면 사돈 만나서 인사라도 하고, 먼 촌수들도 한번 만나 보고, 옛날 친구 뭐 한다더라 얘기도 하고, 정보 교환하는 곳이죠. 지금이야 정보 교환하려고 장터에 가진 않겠습니다만 사람은 만나야 됩니다. 도회지 사람과 농촌 사람이 여기서 뭔가 새로운 삶의 방식을 가지고 만날 수 있는 그런 환경을 한번 만들어 보고 싶어요. 우리 마을의 미래 꿈입니다.

2008년 5월 23일

'노무현표 오리쌀' 기대하세요

신미희 ● 청와대 전 홍보수석실 행정관

5월 농촌의 들녘은 바쁩니다. 모내기를 하고 고추, 오이, 고구마, 옥수수 등 온갖 작물을 심습니다. 봉하마을은 더 분주합니다. 귀향한 대통령을 보러 오는 인파가 연일 늘어나는 것도 일이지만, 새로운 '농사 거리'가 생겼기 때문입니다. 올해부터 대통령의 권유로 쌀농사에 친환경 오리 농법을 도입하기로 한 것입니다.

대통령은 3월 말부터 주민들과 함께 수차례 오리 농법 전문가를 초청해 강의를 듣고, 현장을 견학하고, 토론회를 실시하며 친환경 쌀 재배를 준비해 왔습니다. 지난 5월 7일에는 주민 13명을 중심으로 '봉하마을 친환경농업생산단지추진위원회'를 구성하고, 마을 앞 2만 4600평의 논을 시범 지역으로 정했습니다.

왜 농사를 짓는가

추진위원회 고문을 맡은 대통령은 마을 이장과 공동으로 4500평의 벼 농사를 직접 짓습니다. 올해 오리 농법이 성공을 거두면 봉하 들판 24만 평 농지로 친환경 농법을 확대할 계획입니다. 대통령은 왜 친환경 농법 으로 농사를 짓자고 했을까요.

"우리 농민에게 차별적 농법을 제시하고자 합니다. (쌀 시장이 개방되는) 2014년 이후가 되면 무슨 재주가 있겠습니까. 미국 쌀과 한국 쌀의 차별 성을 무엇으로 만들 것이냐, (지금 방식으론) 대책 없는 것 아니냐. 쌀값을 더 받느냐, 안 받느냐의 문제가 아니고 더 이상 우리 쌀을 팔 데가 없어집 니다. 우리 쌀을 살 이유를 만들어야 하지 않겠느냐는 것입니다."

5월 10일 장군차 묘목 주위의 잡풀을 뽑고 우드칩을 뿌린 자원봉사자 들을 격려하면서 이같이 밝혔습니다. 나무를 갈아 만든 우드칩은 풀이 자라는 것을 막을뿐더러 발효되면 땅 힘을 길러 주는 유기질 퇴비가 된 답니다. 봉하마을 장군차 역시 친환경 농법으로 재배되고 있죠. 대통령 은 다음날 '안전한 먹을거리'의 중요성도 강조했습니다.

"안심할 수 있는 먹을거리, 좋은 먹을거리를 생산할 수 있는 방식으로 농사를 해 보려고 합니다. 친환경이면 안전할 것이고, (소비자들은) 안전 이상을 원하니까 영양이 좋은 것은 유기 농법으로 가야 합니다. 여러분

에게는 빈손으로 와서 가득 담아 가는 여행의 재미를, 마을 분들에게는
소득의 재미를 제공할 수 있지 않겠습니까. 그러려면 마을의 농사 방법
을 개선해야 합니다. 지금은 특별한 방식이 없지만 올해부터는 농사를
잘 지어서 보증하도록 하겠습니다."

장군차는 우리 모두의 차나무

그동안 봉하마을 주민들은 고민이 많았습니다. 지금까지의 농사 방식
으로는 고부가가치를 만들어 내기 어려웠고, 젊은 사람들은 계속 농촌을

떠났습니다. 마을 공동체마저 붕괴되는 현실을 개선하기 위해 숙고했지
만 선뜻 해결책이 나오질 않았습니다. 주민들의 고민은 '살기 좋은 고향'
을 만들고 싶다는 대통령의 퇴임 활동과 만나면서 '친환경 생태 마을 조
성'으로 구체화됐습니다.

이를 위해 대통령은 마을 환경 정비, 봉화산 숲 가꾸기, 화포천 습지 보
호, 친환경 농법 도입 등을 적극 추진하고 있습니다. 버려진 산등성이 감
나무 밭에 장군차를 심고, 수생식물 생태 학습장을 목표로 연밭을 만들
었습니다. 대통령은 왜 그렇게 열정적으로 마을을 가꾸는 것일까. '장군
차는 우리들의 차나무'임을 강조하는 대통령의 말 속에 해답이 있습니다.

"노무현이 돈 벌려고 장군차를 심었나? 하고 생각하는 분들이 있을 겁니다. 봉하마을 장군차는 노무현 차나무가 아닙니다. 1000명이 넘는 사람이 차를 심고, 풀을 뽑고, 물을 줬습니다. 우리들의 차나무입니다. 여러분 모두의 것입니다. 장군차가 자라면 봉하마을에 와서 찻잎도 따고, 구경도 하고, 메뚜기 미꾸라지도 잡고, 화포천에서 철새도 보고, 잉어도 잡으세요."

대통령이라고 쉬고 싶지 않을까요. 대통령은 재임 때 제일 큰 희망이 휴식이었다고 합니다. 정치는 정리했어도 너무 험난한 길을 바쁘게 달려오느라 인생을 정리하지 못했기 때문이랍니다. 하지만 귀향해서도 휴식은 꿈도 꾸지 못합니다. 봉하마을을 찾는 인파는 늘어만 가고 있죠. 지난 주말에만 하루 1만 7000명(5월 4일), 2만 명(5월 11일)이 다녀갔습니다.

대통령은 "휴식이란 게 사색할 수 있는 시간인데 이리 많이 오시니 도저히 휴식이 안 된다."며 손사래를 칩니다. 그러면서도 하루에도 몇 번씩 만남의 광장에서 방문객을 반갑게 맞이합니다. 일을 나갔다가도 방문객을 보게 되면 손을 흔들고 인사를 합니다. 여기에도 '우리 사회, 이웃'이 빠지지 않습니다.

"희생과 봉사는 우리 사회를 더 좋은 곳으로 만드는 데 꼭 필요한 일입니다. 주변과 이웃이 아름답지 않고, 따뜻하지 않고, 넉넉하지 않고, 정의롭지 않고, 깨끗하지 않으면 아무도 행복할 수 없습니다. 아름다운 자연과 그 속에 살고 있는 생물과 교감을 나누며 느낌으로 고향을 싸안는 마음은 이웃을 더욱 넉넉하고 아름답고 따뜻하게 만드는 밑천이 될 것입니다."

"흰잎마름병이 뭔지나 아나?"

지금이야 좋아졌지만 봉하마을에 친환경 농법을 도입하는 일은 만만치 않았습니다. 오리 농법만 하더라도 기존 영농 방식에 비해 화학비료와 농약의 사용량을 크게 줄일 수 있고 방제가 불가피할 경우 친환경 자재(목초액, 키토산 등)로 무공해 쌀을 생산할 수 있습니다. 하지만 품은 더들고, 비싼 친환경 농자재를 구입하는 비용이 느는 데다 수확량이 줄 수있어 친환경 농법을 선뜻 수용하기는 쉽지 않았습니다. 김정호 전 청와대 비서관은 시범 농지 구역에 속한 13명의 주민을 일일이 찾아다니며설득했습니다. 그들의 소유 경지와 연락처, 주문 사항이 빼곡하게 적힌닳아 버린 한 장의 낡은 그림이 지난한 설득 과정을 보여 주는 듯합니다.

농사 경험이 전무한 '초짜 농사꾼'이 '수십 년 농사꾼'을 상대하다 보니이런 일도 있었습니다. 김정호 전 비서관이 4월 20일 주민 설명회에서친환경 농법의 필요성을 역설하는데 한 주민이 "흰잎마름병이 뭔지나 아나?"라고 묻더랍니다.

흰잎마름병은 잎 가장자리가 말라죽는 대표적인 벼의 질병인데 이 병에 걸리면 쌀 생산량이 줄고 품질도 떨어집니다. 그게 무슨 말인지조차 알아듣지 못했던 김 전 비서관은 이제 '친환경농업생산단지추진위원회' 실무 간사로 활약하고 있습니다. 요즘도 매일 현장과 이론을 넘나들며 농사 공부에 여념이 없습니다.

5월 11일 오후 농수로 바닥의 기름띠 낀 슬러지를 걷어 내는 현장에서 만난 문성구 친환경농업생산단지추진위원회 부위원장은 "친환경 농법은 농민 스스로가 언젠간 해야 되는 일인데, 대통령의 귀향을 기회로 앞당겨진 것"이라고 말했습니다.

"쌀값이 100원 오르면 비료는 300원이 오릅니더. 수확은 좀 떨어져도 (정부가 품질을 인증한) 친환경 쌀 값 정도면 채산성도 괘안은 편이고, 이젠 소비자가 안전하게 묵을 수 있는 농산품을 생산해야 농민들이 살 수 있심더. 처음엔 안 해 본 일이라 성공할 수 있을까 겁도 실실 났는데, 대통령님이 책임지고 팔아 준다 캤으니까 걱정 안합니더."

오리 농법은 모내고 10~15일 후부터 벼 이삭이 나오기 전까지 논에 오리를 풀어 잡초나 해충을 제

거하고 유기질 성분이 많은 오리 배설물을 비료 자원으로 활용하는 방식입니다. 논 열 평당 오리 한 마리를 넣어 60일간 풀어 놓습니다. 2000평의 논이라면 200마리의 오리를 두 달간 매일 관리해야 합니다.

4월 24일 대통령과 마을 주민들이 진영 읍내 옆 마을로 오리 농법 현장 견학을 나갔습니다. '논에 풀어 놓은 오리 관리'에 대한 설명을 들었습니다. 매일 아침마다 오리를 풀어 주고 저녁에는 막사로 거둬들여야 한답니다. 대통령의 초·중학교 후배인 이기우 씨가 자기는 못한다고 고개를 가로저었습니다. 그러자 옆에 있던 대통령이 한마디 합니다. "그럼 자네 논은 내가 해 주께. 풀어 주고 가두기만 하면 되는 거 아이가?" 한바탕 웃음 속에 이기우 씨를 포함한 13명의 농민이 오리 농법에 참여하기로 결정됐습니다.

오리 열 마리가 한 사람 몫을 한다

오리 농법으로 낙찰을 보기까지 진통도 있었습니다. 친환경 농법은 오리 농법, 우렁이 농법, 참게 농법, 지렁이 농법, 쌀겨 농법, 천적을 이용한 농법, 숯을 이용한 농법, 유기 미생물 농법, 키토산 농법, 새우 농법 등 다양한 방식이 있습니다. 그저 마른 논에 볍씨를 뿌리고 가을에 벼를 거두는 태평 농법도 등장했습니다.

한편에서는 좀 더 관리가 수월한 우렁이 농법으로 하자는 의견이 강하게 나왔습니다. 6년간 오리 농법을 했던 인근 마을이 올해부터 우렁이 농법으로 바꾼다는 소식도 들렸습니다. 수차례 논의 끝에 친환경 체험 학습과 제초, 병충해 방제, 시비 등에서 효과가 큰 오리 농법을 1순위로 채택했습니다. 우렁이 농법의 경우 병충해 방제 효과가 낮고, 왕우렁이 일부가 겨울에 죽지 않고 왕성하게 번식하여 자연 생태계를 교란할 수 있다는 주장도 있어 2순위로 밀렸습니다. 벼 품종은 쌀 품질이 좋고 잘 쓰러지지 않는 '남평'으로 정했습니다.

봉하마을 오리 농법의 본보기는 국내 최대 오리농 쌀 생산지로 유명한 충남 홍성군 문당리 홍성환경농업마을입니다. 연간 2만여 명이 찾는 생태 체험 마을로 각광받고 있는 문당리는 친환경 농업으로 주민 소득을 높이고, 문화와 대안 교육을 통해 지역 공동체를 회복하고 있는 농촌 마을입니다. 그런 점에서 친환경 농업을 통해 살기 좋은 마을 가꾸기를 추진하려는 봉하마을에 좋은 귀감이 되고 있습니다.

홍성환경농업마을 대표인 주형로 한국오리농법연구회장은 여러 차례 봉하마을을 찾아 오리 농법을 지도했습니다. 주 대표는 "오리 열 마리가 사람 한 명 몫을 한다."며 친환경 농업의 일등 농사꾼이라고 부릅니다. 농약도 쓰지 않고 비료도 없이 자연 생태계 그대로 순환되는 농사를 짓기 때문이랍니다. 대통령이 조심스레 "물이 잘 안 빠지는 땅이라 어떨지 모르겠다."고 묻자 주 대표는 "유기농과 물은 관계가 깊은데 봉하마을의 무논은 오리 농법을 하기에 조건이 좋다."며 웃습니다.

친환경 농법의 시작은 '물'

말도 많고 탈도 많았던 봉하마을 오리 농법은 친환경농업생산단지추진 위원회를 구성하면서 본격적인 궤도에 오르는 듯했습니다. 그런데 이번엔 물 문제에 부딪쳤습니다. 친환경 농사를 하려면 흙과 물이 좋아야 합니다. 땅의 힘을 기르는 것은 시간이 필요한 일이지만 오염된 물로는 친환 경 농업 자체가 불가능합니다.

봉하마을 27만 평의 들판에 농수를 공급하는 주변 농수로와 배수로를 둘러본 대통령은 놀라움을 금치 못했습니다. 축산 폐수와 공단 오·폐수로 온통 오염돼 있었기 때문입니다. 오리 농법 시범 농지 인근 뱀산 배수로에서는 오염 물질이 누적된 슬러지가 15톤 덤프트럭으로 100대 넘게 나왔습니다. 김해시 하천 수준 개선 계획에 따르면 낙동강 원수를 끌어다 쓰는 것은 3~4년 이후에야 가능하다고 합니다. 주무 기관인 한국농어촌공사도 예산 문제로 당장 도움을 줄 수 없었습니다.

"물 문제가 해결되지 않으면 오리 농법이고 오리 할애비고 못한다."는 우려가 커졌습니다. 대통령은 "사비를 털어서라도 독자적으로 지하수를

개발하자."고 제안했습니다. 지하수 개발도 기술 문제 등으로 한참을 고생
하다 한국지하수개발협회 도움으로 겨우 해결책을 찾았습니다. 이로써 3
개 지하수에서 하루 450톤 이상의 깨끗한 물을 확보할 수 있게 됐습니다.

봉하 오리, 억수로 보고 싶데이~

드디어 5월 5일 대통령과 마을 주민들은 친환경 농법에 필요한 씨나락
파종과 모판 작업을 했습니다. 보름여 동안 훌쩍 자란 모판의 벼는 모내
기만 기다리고 있습니다. 이제 남은 과정은 오리와 오리 막사, 오리 그물
망 등을 준비하여 모내기 뒤에 오리를 논에 넣는 '입식'입니다.

벼에 피해를 주지 않고 오리의 효과를 높이려면 모내기 후 1주일에서
열흘 정도 어린 벼의 뿌리가 튼튼하게 내릴 수 있도록 시간을 준 뒤 태어

난 지 2~3주 된 새끼 오리를 논에 풀어 줍니다. 품종은 몸집이 작은 청둥오리나 청둥오리와 집오리의 잡종, 또는 카키캄벨종을 구입하는 게 좋다고 합니다.

그런데 순조롭게 풀리려나 싶던 오리 농법이 예상치 못한 암초를 또 만났습니다. AI(조류인플루엔자)가 전국적으로 확산되면서 오리 농법 자체가 불가능할 수도 있는 처지가 됐습니다. '친환경농업생산단지추진위원회'는 5월 6일 경기 용인 원삼농협에 2460마리의 오리를 공급해 달라고 의뢰했습니다. 노란 오리를 구해 보려고 했는데 순전히 노란 오리는 아직 없다고 합니다. 6월 초 '봉하 오리'들이 태어날 예정이지만 봉하 입성 여부는 미지수입니다.

5월 중순부터 신문, 방송에서는 AI가 서울, 경기, 강원, 충청, 호남, 영남 등으로 확산되고 있다는 소식과 '닭, 오리 살처분' '오리 농법 중단' 등의 기사가 연일 대대적으로 보도되고 있습니다. 〈사람사는 세상〉 게시판에도 관련 문의가 올라왔습니다.

김정호 '오리 비서관'은 주형로 홍성환경농업마을 대표에게 전화를 걸었습니다. 만약의 경우 우렁이 농법으로 대체하면 되니 너무 걱정하지 말라는 답변이 되돌아왔지만 '초짜 농사꾼'의 근심은 가라앉지 않았습니다. 이호철 전 민정수석은 자원봉사에 참여한 수의사에게 이것저것 자문을 구했습니다.

5월 20일 친환경농업생산단지추진위원회는 오리 막사, 오리 그물망, 고정대 등의 설치와 오리 관리 전반에 대한 교육을 받았습니다. 오리 그물망은 풀어 놓은 오리가 도망가지 못하게 하면서 외부 적의 침입을 막기 위해 논 주변에 둘러치는 보호막입니다. 농로에는 줄지어 서 있는 33개의 노란 오리 막사가 인상적입니다. 봉하마을에서는 오리 막사도 '노사모'입니다.

아직 김해 지역은 AI가 발병하지 않았습니다. 또 봉하마을이 공급받을 '새끼 오리'가 AI 파고를 잘 넘기고 봉하마을에 들어오면 오리 농법을 시행할 수 있습니다. 그러나 5월 말까지 상황을 지켜본 뒤 여의치 않을 경우 우렁이 농법이나 참게 농법 등으로 대체할 예정이라고 합니다.

봉하마을의 첫 친환경 농법 실험인 오리 농법. 그동안 갖은 난관을 헤쳐 왔던 것처럼 6월 14~15일께 논에 오리를 처음으로 풀어 주는 입식 행사를 무사히 치를 수 있을까요? 올 가을 대한민국 역사상 처음으로 대통령이 생산한 '봉하마을 오리쌀'을 맛볼 수 있을까요? 봉하마을 오리 농법의 도전과 시련, 그 속에 검게 그을린 얼굴로 달리는 노무현 대통령이 있습니다.

출세한 사람 성공한 사람

방문객 인사 (2008. 10. 24.)

사람들은 성공하고 싶어 합니다. 부모들은 자기도 성공하고 싶어 하고 아이들도 성공하기를 바라지요. 또 출세라는 말도 있지요? 성공과 출세는 같은 겁니까, 다른 겁니까? 가끔 생각해 봅니다. 뭐가 성공일까? 출세는 뭘까? 이런 생각을 해봅니다.

근데 출세한 사람은 다 훌륭한가? 우리가 어릴 때 아이들한테 훌륭한 사람이 돼라, 이렇게 말하지요. 보통 부모들이 속마음으로는 내 아이가 출세하기를 바라지만 겉으로는 훌륭한 사람이 돼라, 이렇게 말합니다. 그럼 훌륭한 사람과 출세한 사람은 같은가 다른가, 다르면 뭐가 다른가, 그런 걸 생각해 볼 수 있습니다.

제 생각에는 출세한 사람을 다 성공한 사람이라고 말할 수도 없고, 또 모든 성공이 다 출세라고 말할 수도 없습니다. 조금씩 다릅니다. 성공 다르고 출세 다르고. 많이 겹치지만 다르죠. 출세한 사람 중에 훌륭한 사람도 있고 훌륭하지 않은 사람도 있거든요.

훌륭하지 않은 출세한 사람은 어떤 사람이 있을까요? 얼른 생각하면 알렉산더 대왕. 무지무지하게 출세를 한 사람이지만 시간의 간격을 뛰어넘어서 수천 년 동안 영웅으로 이름을 남겼지만, 근데 그 사람이 과연 역사에 훌륭한 발자취를 남겼는가? 많은 사람들에게 기쁨과 행복을 주었는가? 꿈과 희망을 주었는가? 이렇게 생각해 보면 그 사람이나 칭기즈칸이나 나폴레옹이나 최근에는 히틀러나 현재의 강대국 지도자들이나, 다 출세한 사람들이지만 다 훌륭한 사람일까? 훌륭한 사람의 기준이 어떻든 보다 많은 사람들에게 꿈과 희망을 주고 기쁨과 행복을 더 보태 줘야 되는 거 아닙니까? 그럼 이 사람들은 훌륭한 사람들인가?

우리 위인전에 보면 출세한 사람을 묶어 놨거든요? 난 그 위인전을 다시 선별해야 된다, 훌륭한 사람만 남기고 나머지는 다 빼 버려야 된다. 차라리 출세한 사람전…. (사람들 웃음) 아, 영웅전이죠? 영웅이 좋은 건지 잘 모르겠지만 아무튼 뭔 전(傳)을 해 주려고 해도 공과를 제대로 평가해야 한다, 이렇게 생각합니다.

내 어릴 때 읽었던 나폴레옹 전기에는 그 어머니가 아주 준비성이 있고 치밀한 사람이라는 일화가 나옵니다. 아들이 군에서 휴가를 왔는데 부엌에서 음식을 차려 오는데 불을 켜지 않고 음식을 차려 왔다는 것이죠. 결국 한석봉 어머니 얘깁니다, 그죠? 아무튼 내가 읽었던 전기 속에는 그렇게 치밀한 사람이라서 만일의 사태에 대비해서 바스티유 궁전 지하에 40만 프랑을 숨겨 놓고 있었다, 이런 것이 전기에 써 있어요. 그때는 굉장히 훌륭한 어머니인가 보다 생각했는데, 어른이 되고 정치를 하면서 생각해 보니까 그게 부정 축재해 놓은 거더라고요, 그죠?

그러니까 똑같은 사실 하나라도 그 사실을 어떤 관점에서 바라보느냐 그게 매우 중요한 것이죠. 그래서 우리가 아이들을 키우면서 성공한 사람, 출세한 사람,

훌륭한 사람. 아, 근데 출세한 사람을 꼭 나쁘게 보지는 마십시오. 출세한 사람을 안 좋아하면서도 지 자식은 출세하기를 바라는 게 우리 모두의 똑같은 심정이거든요. 출세가 나쁜 것은 아닌데 출세하고 난 뒤에 꼭 훌륭한 사람이 되도록 가르쳐야 혼돈이 없습니다. 그래야 우리 마음속에 정신분열이 없는 것입니다. 가치에 대한 분열이 없는 것이죠. 출세도 좋은 것이 될 수 있는 겁니다.

근데 출세 안 하고도 성공한 사람 있지요? 이렇게 되는 건 정말 어렵습니다. 이런 사람은 보통 사람이 아니지요. 특별하게 개성이 강하든지 자기 주관이 강해서 자기 방식에서 보람을 느끼고 자기 세계를 구축하는 사람들입니다. 예술인들 중에 그런 사람들이 많지요. 종교인들, 요새 종교인들은 좀 세속적이긴 합니다만 종교인이나 예술가나 과학자나 이런 사람들 중에 역사적으로 동력을 창조한 사람들이 많지요.

이런 개성 있는 사람들은 출세하지 않아도 성공할 수 있는데, 이 숫자는 결코 많을 수 없습니다. 종교인, 예술가, 과학자가 아닌 경우에는 아주 소수의 사람이 이런 부류에 들게 됩니다. 제가 보기에는 출세하지 않고도 성공했다고 스스로 생각하는 사람들이 좀 더 많아지는 사회가 좋은 사회입니다. 그런 사회에서 문화가 꽃피고 창의력이 꽃피거든요. 그래서 우리가 아이들에게 더 개성 있는 성공을 하도록 한번 권고해 보는 것도 좋은 일이 아닌가 이리 생각합니다.

물론 어려운 일입니다. 왜냐하면 남들 다 가는 길을 함께 가지 않는다는 것이 굉장히 불안한 일이기 때문이죠. 남들은 다 저쪽으로 가는데 혼자서…. 우리가 등산을 가거든요. 여러 사람들이 잘 닦여 있는 길을 따라가는데, 혹시 지름길이 있나, 또는 더 아름다운 길이 있나 싶어서 혼자 숲길로 들어선 사람은 가다가 불안해지고, 나 혼자 늦는 거 아닌가 하고 걱정도 되고. 길도 불편한 것 같고. 그런 길을 가야 하는 거니까 내 아이들에게 권하기가 쉬운 일은 아니죠.

　그렇지만 그런 사람들에 의해서 더 많은 등산길이 발견되잖습니까, 그죠? 그래서 개성 있는 성공을 우리가 권해 보는 것도 좋겠다. 그러나 출세가 나쁜 것도 아니니까 기왕이면 출세도 하면 좋겠다. 출세만 하지 말고 훌륭한 사람이 되면 더 좋겠다. 그죠? 득이 되는 사람, 복이 되고 득이 되는 사람이 됐으면 좋겠다. 저는 그렇게 생각합니다.

　참 쉬운 일이 아닙니다. 하다못해 남한테 짐이라도 덜 되는 사람이 됐으면 좋겠다. 이런 생각입니다. 짐이라도 좀 덜 되는 사람이, 거짓말을 안 하고 살 수 없다면 좀 덜하고 살고, 혹시라도 남을 짓밟게 됐을 때 조금이라도 좀 살살 밟고, 예? 콱콱 밟는 사람들이 있습니다. 그래도 좀 살살 밟고. 그런 사회를 배려가 있는 사회라고 할 수 있지 않겠습니까? 기왕이면 그런 사회를 만들어야 하지 않겠나, 이렇게 생각합니다.

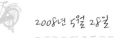

2008년 5월 28일

시민으로 농민으로 다시 맞은 봄날

윤태영 ● 청와대 전 대변인

"설마 지금도 자고 있을까?"

지긋한 나이의 할머니와 할아버지 예닐곱 분이 대통령의 사저를 향해 천천히 발걸음을 옮기던 중 할머니 한 분이 당치도 않다는 듯 큰소리로 말합니다. 5월 15일 아침 9시 무렵. 아마 일행 중 누가 대통령의 얼굴을 꼭 보겠다는 할머니의 작은 소망에 찬물을 끼얹은 농담을 던진 모양입니다. 아쉽게도 이날 할머니는 기대를 이루지 못했습니다. 그 시각, 대통령은 이미 외출 준비를 시작하고 있었기 때문입니다. 유난히 낮아 보이는 사저의 담장 위로 가는 봄의 정겨운 아침 햇살이 쏟아져 내리고 있었습니다.

대통령은 그렇게 가까이 와 있었습니다. "나와 주세요." 하고 합창하면 한걸음에 달려 나와 미소 띤 얼굴로 인사할 수 있는 거리에, 손 내밀어 악수를 청하면 마주 손잡으며 따뜻한 체온을 전해 줄 수 있는 그곳에, 이제

는 더 이상 대통령이 아닌 노무현으로서 낮은 담장 앞을 찾는 방문객들의 다정한 벗이 되어 있었습니다.

사저 앞에서 펼쳐지는 소통의 한마당

홀쩍 가 버린 석 달 90일. 대통령은 5년 만에 다시 찾은 봄의 정취를 얼마나 느꼈을까요? 어깨를 짓누르던 무거운 짐을 내려놓은 대통령의 표정은 5월의 신록처럼 새로웠고 파란 하늘처럼 편안해 보였습니다. 짧은 시간에 대통령은 넥타이를 푼 평범한 시민으로, 다시 흙냄새 나는 봉하마을의 농민으로 빠르게 변해 가고 있었습니다. 차나무를 심고 쓰레기를 걷어내고 자전거를 타고 산책하고 마을 사람들과 정담을 나누는 밀짚모자의 전직 대통령. 정책의 오류를 조금이라도 줄이기 위해 밤잠을 설치며 노심초사하고 회의를 거듭하며 고심하던 현직 시절의 그 열정을, 대통령은 지금 땅으로 또 흙으로 고스란히 쏟아붓고 있는 듯합니다.

사저 앞 만남의 광장에서는 인터넷 시대에 보기 어려운 직접 대면 형식의 소통이 하루에도 몇 차례 이루어집니다.

"왜 사저를 한옥으로 짓지 않았습니까?"

"한옥으로 기와를 올리면 집이 높아지는데 그러면 뒷산이 죽어 버립니다. 산과 어울리도록 지붕을 없애고 담을 낮추어 자연과의 조화를 모색했습니다."

자연과 어우러진 것은 대통령의 사저뿐만이 아니었습니다. 대통령의 모습 자체도 이곳 봉하의 자연과 하나로 결합되고 있었습니다. 봉화산의 사자바위처럼 이곳의 풍광을 이루는 데 없어서는 안 될 존재가 된 것입니다.

"5년 동안 욕도 많이 먹었지요. 그런데 여러분이 저를 굳건하게 지켜주셨습니다."

그러자 어떤 이가 큰소리로 외칩니다.

"대통령 한 번 더 하세요."

미소를 머금은 대통령의 대답.

"할 수도 없지만, 할 수 있다 해도 더 하고 싶지 않습니다. 해 보니까 힘들더군요. 저는 잘한다고 했는데 마음에 안 드신다고 일할 때 시끄러웠습니다."

그때의 힘겨움이 되살아나는 듯 대통령의 말문이 잠시 막힙니다.

2002년 대통령은 후보로서 '낮은 사람'을 내걸었고 '친구 같은 대통령'이 되겠다고 약속했습니다. 원래 스스로를 낮추는 데 익숙한 사람. 하지만 대통령의 그 약속은 완벽하게 실현되지 못했습니다. 끊임없이 낮아지려 한 대통령을 향해 대통령답지 못하다는 비난이 쉬지 않고 날아들었습니다. '왕이 누리던 것을 일반 사람들이 누리게 되는 것'을 대통령은 진보로 규정했습니다. 그러나 대통령을 제왕에 빗대어 공격하는 관행은 좀처럼 달라지지 않았습니다. 대통령은 아픈 생채기가 생기는 것을 수도 없이 감수했습니다. 그런데 지금, 5년 내내 시비와 공격의 대상이 되었던 대통령의 그 말을 듣기 위해 사람들이 방방곡곡에서 모여들고 있습니다. 춘천에서 청주에서 당진에서 광주에서 익산에서 하동에서 진주에서 그리고 제주에서….

숨 막히던 긴장 대신 사색과 여유

5월 15일 아침. 인근 생림면에 위치한 장군차 제다(製茶) 시설을 둘러보기 위해 대통령은 사저를 나섰습니다. 대통령의 출타를 방해하는 시급한 결재는 더 이상 없습니다. 옷에 맞는 넥타이를 고르는 고민의 시간도 없고, 카메라 촬영에 대비해 메이크업을 해야 하는 번거로움도 없습니다. 햇볕에 그을리는 것을 막기 위해 선크림을 바르는 정도. 그것으로 족합니다. 무엇보다 분장하는 의자에 앉아 있거나 관저의 복도를 걸을 때, 엘리베이터이든 이동 중인 차 안이든 상관없이 그 시간의 틈새를 비집고 들어오던 비서실과 부속실의 끝없는 보고도 더 이상 없습니다. 그 보고를 하나하나 경청하면서 냉정함을 유지하는 가운데 결정하고 선택해야 했던 숨 막히는 긴장도 이제 없습니다. 그 대신 대통령에게 주어진 것은 충분한 사색의 시간과 창밖으로 펼쳐지는 '사람사는 세상'을 깊이 음미할 여유.

대통령으로서 시간을 분초라도 아끼고 활용하기 위해 이용할 수밖에 없었던 헬기의 요란한 소음도 없습니다. 외출하여 먹는 식사라 해도 이제는 번거로운 검식의 과정을 거치지 않아도 됩니다. 즉석에서 음식을 권하고 받는 것이 가능해진 것입니다. 그만큼 대통령직이 불가피하게 만들어 놓았던 사람들과의 거리가 줄어들고 있습니다.

단출한 차림에 단출한 수행원으로 대통령은 차에 몸을 싣습니다. 오늘

은 일반 승용차가 아니라 지프차입니다. 장군차 재배지로 가려면 좁은
길을 따라 높은 언덕과 고개를 올라야 하기 때문입니다. 현직 대통령 시
절이라면 행사 일정을 잡기 어려웠을 상황. 대통령의 행렬은 좁은 1차선
도로를 천천히 달려 행사지로 향합니다. 어쩌다 느릿느릿 달리는 트럭을
만나도 빨리 앞질러 갈 다른 방법은 없습니다. 대통령의 승용차에는 이
제 비상등조차 없다고 합니다. 설치할 수도 있었지만 굳이 그럴 필요 없
다는 대통령의 지시를 따른 것입니다.

직접 찻잎 따고 덖어 보기도

장군차 재배지에서 기다리던 사람들에게 대통령이 수인사를 합니다.
언덕의 차밭에서 맞은편을 보니 쭉 뻗은 신대구부산고속도로 옆으로 드
넓은 평야가 펼쳐져 있습니다. '1창 2기(한 개의 싹에 두 개의 잎)' 등 찻잎
따는 요령을 듣고 난 후 대통령은 곧바로 사람들과 함께 찻잎을 따기 시
작합니다.

뜨겁게 달구어진 솥 안에서 찻잎을 덖는 전문가의 숙달된 솜씨를 지켜
본 후 대통령이 따라해 봅니다. 비비면서 말리는 과정을 거쳐 다시 건조.
하나하나 따라 하는 대통령의 모습을 지켜보며 사람들이 술렁댑니다. 휴
대폰이나 디지털카메라를 높이 들고 사진을 찍는 사람, 삼삼오오 이야기

하는 사람들, 이웃집 아저씨를 대하듯 스스럼없이 대통령에게 질문을 던지는 아주머니. 모두 다 임기 중에는 접하기 힘들었던 편안한 광경들입니다. 그런 대통령 앞으로 누군가가 지나가자 설명을 하던 교수님이 어딜 앞으로 지나가느냐고 야단을 칩니다. 그 순간, 멋쩍어하는 건 오히려 대통령입니다. 대통령이 밝게 웃으며 말합니다. "괜찮습니다."

3년 전인 2005년 5월 21일, 대통령은 농산촌 관광 마을 체험의 하나로 충북 단양의 한드미 마을을 찾았습니다.

"어릴 때 농토는 없고 자식은 공부시켜야 해서 어머니께서 고구마 순을 팔아서 학비를 댔습니다. 그래서 고구마 순을 보면 어머니 생각이 납니다."

그 자리에서 대통령은 귀농하는 포부의 일단을 밝혔습니다.

"자연과 사람이 어우러지는 삶의 모습이 좋습니다. 욕심에는 대통령 마치고 나서는 내 아이들이 찾아올 수 있는 데 가서 살면 어떨까 궁리 중입니다."

그 소박한 대통령의 꿈이 이 봄날에 조금씩 현실화되고 있었습니다.

제다 과정 체험이 끝나고 장군차밭의 주인이 대통령 일행을 위해 베푼 오찬. 정성껏 준비한 장군차 비빔밥 한 그릇이 대통령을 위해 먼저 나왔습니다. 또 다시 대통령이 어색해합니다.

"제가 아직 어디 가서 어른 노릇을 못합니다. 밥그릇이 저한테 먼저 오면 어색해요. 대통령 5년 하는 동안 그래서 고생 많이 했습니다."

"아이고, 목이 아파 죽겠습니다"

대통령의 출타는 사저 앞 방문객들의 원성으로 이어지기 마련. 대통령은 돌아오자마자 부리나케 만남의 광장으로 나섭니다. 시작은 언제나 좌중을 편하게 해 주는 대통령의 유머.

"애들이 와서 뭘 알 수 있을까? 얘들아 이렇게 사람 많이 모인 것 처음이지?"

기대와 달리 아이들은 큰 소리로 대답합니다. "아니요."

"하하, 내가 한 방 먹었다. 그럼 대통령은 뭐하는 사람이지?"

"우리나라 대표하는 사람이요."

우습게 본 아이들의 또랑또랑한 대답에 대통령의 기가 눌립니다.

"아, 글쎄. 자다가 일어나 보니 들판에 사람들이 가득 있는 겁니다. 웬일인가 해서 허겁지겁 나가 보니 사람이 아닌 황새들이더군요."

"지방은 공기부터가 맑아요. 눈뜨면서부터 뻐꾸기 울음소리가 들리고요. 귀가 무뎌서 그렇지 다 있습니다."

"마음 아픈 일도 많습니다. 쓰레기를 산골짜기에 버리고 어떤 이는 소파까지 버리고. 농촌을 무슨 쓰레기통으로 아는지…."

"아이들이 개구리가 어떻게 크는지, 우주가 어떻게 돌아가는지 알아야 합니다. 작은 지식은 책에서 배우고 우주는 자연에서 배워야 합니다."

청와대에서의 하루가 꼬리를 무는 회의의 연속이었다면, 봉하에서의 하루는 이곳을 찾는 방문객들과 나누는 대화의 연속입니다. 회의와 달리 땡볕에 서서 계속 말을 하는 일이 쉽지는 않을 듯합니다. 어지간하면 힘들다는 토로를 할 법도 한데 대통령은 좀처럼 속내를 입 밖에 내지 않습니다. 이야기를 충분히 했는데도 방문객들의 질문은 끝도 없이 이어집니다. 매정하게 끊지 못하는 것이 바로 대통령 특유의 '인간에 대한 예의'. 다음 일정에 쫓긴 대통령이 급기야 하소연을 합니다. "목이 아파 죽겠습니다."

5월 15일자로 사저 앞 방문객은 연인원 35만 명을 돌파했습니다. 그 많은 사람들과 대화를 나눈 후유증일까요? 대통령은 결국 핀 마이크를 사용하기 시작했습니다. 목의 부담이 덜어지자 질문에 대한 대답이 더욱 자상해지면서 때로는 대화 시간이 30~40분을 넘기도 했습니다. 하지만 최근에는 달라졌습니다. 날씨가 더워지면서 오랜 시간 서 있는 것을 힘들어하는 일부 방문객들의 모습이 대통령의 눈에 띄었기 때문입니다. 날이 더우면 더울수록 대통령은 서둘러 대화의 시간을 마치려고 애를 씁니다.

더 긴 호흡으로 더 먼 미래를 보며

이날 저녁 늦게 대통령은 마실을 나왔습니다. 낮 시간에는 사저 방문객들이 너무 많아 편안하게 산책을 즐기기 어려운 실정입니다. 노사모 회관에서 선 채로 비서들과 환담을 나누고 사저로 향하던 대통령의 시야에 회사 옷을 입은 채 주차장에 도착한 대우조선 직원 서너 명의 모습이 들어옵니다. 대우조선은 이석규 씨 사건으로 대통령이 변호사 직무 정지를 당하는 등 인연이 깊은 회사. 자신을 찾아온 듯한 느낌이 들어 대통령이 불러 보지만 이들 일행은 설마 대통령일까 싶어 부랴부랴 사저로 발걸음을 재촉합니다. 결국 이날 대통령은 밤늦게 이 손님들과 문 앞에 선 채로 30분 이상을 대화하며 길었던 바깥 일정을 마무리합니다.

그것으로 하루 일이 모두 끝나는 것은 아닙니다. 대통령은 개발 중인 〈민주주의 2.0〉 사이트 작업을 위해 다시 컴퓨터 앞에 앉습니다. 재임 시절 이지원 개발에 쏟았던 열정과 노력 그 이상을 들여 몸살이 날 정도로 열중하고 있습니다. 그리고 24만 평 드넓은 봉하 벌판을 바꾸기 위한 학습과 고민의 연속. 대통령은 말합니다. "600년 된 성당보다 600년 된 숲이 더 웅장하고 가치 있습니다."

두 번 당선되고 네 번 낙선한 끝에 마침내 대통령이 된 사람. 모두들 안된다고 하던 일에 원칙을 고수하며 도전했던 사람. 그 노력을 인정받아 대통령이 된 후 범인의 인내력으로는 감당하기 어려울 정도로 시퍼렇게 날선 공격들을 온몸으로 받아 내면서 한국 정치를 바꿔 온 사람. 이제 그가 더 긴 호흡으로 더 먼 미래를 보면서 우리의 땅을 바꾸기 위해 새로운 도전을 시작합니다. 다시 찾은 봄날에.

"지독한 외로움에 쩔쩔매 본 사람은/알게 되지 음 알게 되지/그 슬픔에 굴하지 않고 비켜서지 않으며/어느 결에 반짝이는 꽃눈을 달고/우렁우렁 잎들을 키우는 사랑이야말로/짙푸른 숲이 되고 산이 되어 메아리로 남는다는 것을." (안치환 노래 〈사람이 꽃보다 아름다워〉 중에서)

시민의 힘을 믿습니다

〈민주주의 2.0〉 게시판 (2008. 9. 18.)

이제 〈민주주의 2.0〉의 문을 엽니다. 당초 계획했던 일정보다 많이 늦어졌고 아직도 만족스러운 시스템은 갖추지 못했습니다. 그러나 시민 여러분의 참여로 부족한 점을 보완해 나갈 수 있을 것이라 생각하고 일단 시작합니다. 그동안 준비 과정에서 수고해 주신 프런티어 여러분께 감사드립니다.

〈민주주의 2.0〉은 시민들의 대화의 장입니다. 성숙한 민주주의의 핵심 가치는 '대화와 타협'이고 이를 위해서는 주권자인 시민 사이의 소통이 한 단계 발전해야 합니다. 소통의 양도 많아져야 하고 소통의 수준도 높아져야 합니다.

우리 사회에는 미디어도 많이 있고 인터넷 세계에도 많은 의견과 주장이 넘치고 있습니다. 그러나 기존의 미디어 세계는 한쪽의 목소리가 너무 커 균형 있는 소통의 장이 되지 못하고 있습니다. 인터넷 세계에는 많은 사람들이 자유롭게 말하고 있지만 대부분 단순한 주장과 간단한 댓글 구조로 되어 있어서, 정보와 지식의 수준을 향상시키고 활용하는 데는 한계가 있습니다.

자유롭게 대화하되, 깊이 있는 대화가 이루어지는 시민 공간을 만들어 보자는 것이 〈민주주의 2.0〉의 취지입니다. 주제를 정해 그 주제를 중심으로 문답, 토론, 연구 등을 깊이 있게 진행해 수준 높은 지식을 생산하고 이를 체계적으로 축적·활용할 수 있도록 해 보자는 것입니다. 어떤 주제든 집중적이고 깊이 있는 대화를 거치면 사실에 좀 더 가까이 갈 수 있고 지식의 깊이도 깊어질 것입니다.

그 원동력은 시민 참여입니다. 〈민주주의 2.0〉의 운영은 전적으로 시민 참여에 의해 이루어질 것입니다. 토론의 주제를 정하고 토론을 진행하는 일, 화면을 구성하고 도안하고 편집하는 일, 나아가서는 시스템의 구조와 기능을 개선하는 일 등 모든 일을 시민이 참여하고 시민이 주도하도록 할 것입니다. 웹 2.0, 집단 지성, 이런 개념을 적용해 보자는 것입니다. '개방', '공유', '참여'의 웹 2.0의 정신에 '책임'이라는 가치를 더해 〈민주주의 2.0〉의 운영 원칙으로 삼았으면 합니다.

〈민주주의 2.0〉의 운영진은 토론을 주도하지는 않지만 시스템 관리 등 운영에 필요한 책임을 질 것입니다. 당장은 이에 필요한 최소한의 인력으로 운영진을 구성해 감당하되, 앞으로 여건이 되면 공익적 성격의 재단을 구성해 그 공익 재단이 운영 주체가 되도록 할 계획입니다.

〈민주주의 2.0〉의 취지와 목표가 처음부터 만족스럽게 이루어지기는 어려울 것입니다. 시행착오가 있을 것입니다. 그러나 시민들의 참여가 원활하게 이루어지기만 하면 우리는 시민 주권 시대에 걸맞은 소중한 대화의 광장을 만들어 나갈 수 있을 것입니다. 시민 여러분의 적극적인 참여를 기대합니다.

감사합니다.

2008년 6월 10일

왜 아직도 '민주주의'인가

김종민 • 청와대 전 국정홍보비서관

어느 날부턴가 대통령은 정치 얘기를 꺼내지 않았습니다. 매주 두세 차례 소집되던 대통령 주재 정무 관계 회의도 뜸해졌습니다. 몇 개월 전만 해도 대통령은 정치의 한복판에 서 있었습니다. 열린우리당 해체를 공개적으로 반대하고, 개헌을 제안하고, 한나라당의 참여정부 비판을 정면으로 반박했습니다. 탈당을 하고서도 열린우리당이 내걸었던 가치를 지켜야 한다고 주장하던 대통령이었습니다.

열린우리당이 깃발을 내린 후 언제쯤부터였을 겁니다. 참모들은 비공식 자리에서도 대통령의 정치 얘기를 거의 듣지 못했고 그 침묵은 12월 대통령 선거가 끝날 때까지 계속됐습니다. 가까운 참모들도 대통령의 마음을 읽기가 쉽지 않았습니다. 지난해 말 대선이 끝난 후 대통령이 털어놓은 얘기 속에 심경의 한 자락이 담겨 있지 않았나 싶습니다.

"대통령으로서 국정 운영은 누가 비판해도 반박할 자신이 있을 만큼 열심히 했고, 성과도 있다고 자부합니다. 그러나 정치인으로서는 좌절감을 느낍니다. 지역 분열과 기회주의, 이걸 한번 바로잡고 싶었던 것이 제 필생의 정치적 목표였습니다. 그러나 거의 원점으로 되돌아가고 말았습니다. 심지어 그 꿈을 담아낼 그릇마저 깨지고 말았습니다."

위기를 헤쳐 나갈 방법은 시민 주권 운동

그 몇 달 사이 대통령은 시간 날 때마다 몇몇 참모들을 불러 민주주의에 대해 몇 시간씩 '강의'를 하곤 했습니다. 원래 대통령은 비공개 자리에서 편하게 대화를 나눌 때도 갑자기 생각한 주제를 길게 이어 가는 법이 없습니다. 대부분 오랫동안 쌓아 두었던 생각의 실타래를 풀며 생각을 다듬고 참모들의 의견을 듣습니다.

"민주주의 운동에 대해 우리가 가지고 있는 인식은 '권리를 위한 투쟁', '권력과의 투쟁'이 중심이었습니다. 그러나 거기서 끝나는 것이 아닙니다. 파괴만이 아니라 새로운 걸 창조해 가는 운동까지 가야 합니다. 견제와 억제의 제도만이 아니라 일을 가장 효율적으로 해 나갈 수 있는 정교한 제도를 만들어 가는 것이 민주주의 운동의 새로운 과제입니다."(2007년 9월 9일 관저 회의)

지난 20년의 정치 경험을 예로 들어 가면서 동서양의 역사와 제도를 넘나들며 민주주의론을 풀어냈습니다.

대통령은 민주주의론을 주제로 집필을 준비하고 있었고, 2007년에 민주주의를 주제로 했던 다음과 같은 몇 차례의 강연은 그 구상을 정리한 것이었습니다.

— 21세기 한국, 어디로 가야 하나 (2007년 6월 2일 참여정부평가포럼 강연)
— 민주주의 똑바로 하자 (2007년 6월 8일 원광대 명예 정치학 박사 수여 특강)
— 진보적 시민민주주의를 제안합니다 (2007년 10월 18일 혁신벤처기업인 특강)

사실 민주주의는 '찬밥'이 된 지 오래입니다. 누구나 경제를 말하고 경제 살리기가 모든 정당과 정치인의 슬로건이 됐습니다. 왜 다시 민주주의를 말하는가, 대통령은 이렇게 대답합니다.

"민주주의의 위기는 여전히 존재하고 있습니다. 지금 민주주의는 가치의 위기에 처해 있습니다. 정치는 가치를 추구하는 행위이지만, 시장은 이익을 추구합니다. 이 시장이 우리 정치를 지배하게 됐을 때 가치의 위기가 발생하는 것입니다." (2007년 6월 2일 참여정부평가포럼 강연)

정치권력이 시장 권력에 기울고 언론 권력마저 시장 권력의 대변자가 되는 상황을 민주주의의 위기라고 했습니다. 그렇다면 대안이 무엇인가, '시민 주권 운동'이라고 말합니다.

"경제문제에서 소비자주권 이론이 있습니다. 참 되기 어려운 일이라고 포기해 버리는 사람들이 많은데 저는 결코 포기할 일이 아니라고 생각합니다. 소비자의 각성된 행동, 단결된 행동은 상당한 힘을 가질 수 있습니다. 시장에서 그와 같이 대처하듯이 정치의 영역에서는 역시 시민민주주의, 시민 주권 운동을 해야 한다고 저는 생각합니다. 결국 시민의 참여, 시민의 행동밖에 없습니다."(2007년 6월 2일 참여정부평가포럼 강연)

시민 주권 운동은 어떻게 만들어지는가, 소통을 얘기합니다.

"역사를 발전시키는 힘은 무엇인가. 시민들의 사상과 의식이 가장 결정적이라고 생각합니다. (중략) 정치는 제도화의 장입니다. 그러나 제도화 이전에 공론이 만들어져야 하고, 그 공론을 만드는 과정에서 시민과 정치권력, 시장 권력이 각기 자기의 파이를 키우기 위해 치열하게 다투는 곳이 소통의 마당입니다. 이제 가장 중요한 것은 소통의 마당입니다. 정보의 소유와 소통을 통해 사람의 생각이 바뀌고, 그 생각이 운동이 되어 사회 변화를 추동해 나가고, 그것이 역사가 되기 때문입니다."(2007년 9월 9일 관저 회의)

그리고 대통령은 그런 소통을 위해 퇴임 후에 인터넷 사이트를 하나 만들자고 제안했습니다.

그 거대한 촛불의 물결을 보았는가

언젠가 대통령은 2004년 탄핵 촛불 집회 때의 심경을 털어 놓은 적이 있습니다.

"한밤중에 청와대 뒷산에 올라가 그 거대한 촛불의 물결을 봤습니다. 두렵다는 생각이 들었습니다. 저렇게 수준 높은 시민들을 상대로 정치를 하려면 앞으로 누구라도 쉽지 않을 것이라는 생각이 들었습니다."

대통령이 보기에 이미 시민들의 의식과 역량은 지도자라는 사람들이 두려워할 수준입니다. 이제는 일방적으로 정보와 논리를 전달하는 대중 매체가 아니라 시민들의 에너지가 모이고 선순환하는 새로운 소통의 광장이 필요하다고 생각한 겁니다. 대통령이 제안한 인터넷 사이트는 언론 매체라기보다는 깨어 있는 시민들의 공동 작업실, 공동 연구 센터, 소통의 광장, 그런 것에 가깝습니다.

그러나 인터넷 세계에는 이미 많은 사이트가 있고 의견과 주장이 넘칩니다. 군이 왜 새로운 사이트가 필요한가. 인터넷 토론에 대한 우려도 있을 법합니다. 자극적인 용어, 현란한 수사, 한쪽으로 치우친 논리, 무책임한 댓글 등등. 토론을 하더라도 소모적인 찬반 논쟁만 되풀이될 뿐 수준 높고 생산적인 토론이 가능하겠느냐고 걱정하는 사람도 있을 겁니다.

"이 사이트는 극단적인 싸움을 하는 곳이어서는 안 됩니다. 정확하고 검증된 사실, 합리적인 논리를 내놓고 그것을 축적시켜 가치 있는 자료를 만들어 가는 공간이 되어야 합니다. 나는 그 검증과 축적의 과정이 참여한 시민들의 집단 평가에 의해서 이루어질 거다, 이렇게 봅니다." (2008년 2월 17일 사이트 관련 관저 회의)

그래서 대통령은 특히 '사실'을 강조합니다. 자기의 주장을 뒷받침하는 사실을 찾고 이를 검증하자, 그 위에서 '해답'과 '대안'을 찾아 나가자, 이런 토론이 필요하다는 것입니다.

"우리가 토론하는 이유는 해답을 얻기 위해서입니다. 어떤 쟁점에 대해 진실이 뭐냐를 밝히는 것, 혹은 어떤 쟁점에 대해 상대방과 합의를 이루어 나가는 것이 바로 해답을 찾아 나가는 과정입니다. 우리 토론은 상대방을 제압하기 위한 토론이 아니라 사실과 논리를 근거로 함께 해답과 대안을 찾아 나가는 토론이 되어야 합니다." (2008년 5월 30일 사이트 관련 회의)

이름 얘기가 나왔습니다. 처음에는 사람사는 세상, 민주시민광장, 우공이산 등 여러 가지 안이 나왔지만 추상적이다, 너무 옛날 분위기다 등등의 이유로 선뜻 하나를 꼽지 못했습니다. 참모들은 그동안 인터넷 사이트에 대한 대통령의 구상을 쭉 들으면서 영락없는 웹 2.0이라고 생각했습니다. 개방, 공유, 참여를 핵심으로 하는 웹 2.0의 레일 위에 정확히 올라타 있었으니까요. 그래서 웹 2.0을 다룬 『위키노믹스』, 『웹 2.0 기획론』두 권의 책을 참고용으로 올렸습니다. 바쁜 와중에도 순식간에 두 책을 독파한 대통령은 며칠 후 사이트 이름을 〈민주주의 2.0〉으로 하자고 제안했습니다. 웬만해서는 남들 쓰는 용어나 논리를 대충 바꿔 쓰는 걸 천성적으로 꺼리는 성격이었지만 '2.0'이라는 용어를 빌려 쓰는 것에는 별 거부감이 없었던 겁니다. 이름 얘기를 할 때마다 선호가 엇갈리던 참모들도 〈민주주의 2.0〉이라는 이름에 흔쾌하게 표를 던졌습니다. 그러나 어디까지나 가칭이었습니다. 사이트를 오픈하기 전에 참여자들의 의견을 다시 모아 보기로 하고 일단 이 프로젝트 명칭을 (가칭) 〈민주주의 2.0〉이라고 부르기 시작했습니다.

개방, 참여, 공유… '노공이산'의 실험

몇 달 동안 풀어낸 대통령의 구상을 정리해서 올해 초, 사이트 기획안을 두어 차례 올렸습니다. 번번이 퇴짜였습니다. 답답했던지 대통령은 2월 중순경, 직접 '웹 2.0 방식에 의한 시민 주권 사이트 기획안'이라는 제목으로 5페이지 분량의 기획안을 만들어 내려보냈습니다. 사이트 구성을 문답 마당, 토론 마당, 연구 마당, 자료 마당, 회원 마당, 시스템 마당 등으로 짜고, 각 마당의 기능과 구조에 대해 자세한 설명을 적어 놓았습니다. 지금 만들어진 사이트 구조의 골조는 이미 그 기획안에 모두 담겨 있었습니다.

대통령의 기획안을 바탕으로 외부 개발팀에서 한 달 남짓 작업을 해 기본 골조를 만들고 3월 하순부터 알파 테스트(내부 테스트)를 시작했습니다. 통상적인 웹사이트 개발 과정과 비교하면 초고속이었습니다. 일단 기본 구조만 짜서 열어 놓고 계속 진화·발전시키자, 가능하면 사이트 소스를 공개해 사이트 개발에도 사람들을 참여시키자, 대통령의 원칙이 그랬습니다.

3월 중순부터 두 달 정도 진행된 알파 테스트에는 내부에서 추천된 20여 명의 테스터들이 대통령과 함께 테스트와 토론에 참여했습니다. 주로 〈민주주의 2.0〉의 취지, 구조와 기능, 참여와 운영 등에 대해 토론을 벌였습니다. 그 기간에 참여한 알파 테스터 중 가장 많은 글을 올린 사람은 '노공이산', 바로 대통령이었습니다. 어느 날은 하룻밤 사이에 5개의 글을 올리기도 했고, 토론의 고비마다 토론을 정리하고 방향을 제시하는 글을 썼습니

다. 하루에 여러 개의 글을 한꺼번에 올리고는 몸살을 앓기도 했습니다.

가장 큰 쟁점은 대중성과 심층성에 관한 토론이었습니다. 시민 참여 사이트이기 때문에 많은 시민들이 쉽고 재미있게 참여할 수 있는 공간이 되어야 한다는 주장이 많았습니다. 사이트 구조와 편집의 초점을 거기에 맞춰야 한다는 것이었습니다. 대통령의 생각은 좀 달랐습니다.

"저는 이 시점에서 더 깊이 있는 토론이 가능한, 더 완벽한 토론 사이트 하나가 필요하다고 생각합니다. 그로 인해 대중적 참여를 끌어내지 못한다 하더라도 그것은 또 다른 사이트가 하면 될 것이라고 생각합니다. 저의 이 주장은 아주 중요한 생각입니다. 진보를 추구하는 사람들에게 아주 중요한 사고방식입니다. 이런 자세와 사고방식이라야 '우공이산' 할 수 있고 역사의 진보를 성취할 수 있다고 생각합니다."(2008년 4월 2일 〈민주주의 2.0〉 테스트 버전에 올린 글)

'노공이산'의 제안이 다 통과되는 건 아니었습니다. 대표적 쟁점이 실명제 도입 문제. 대통령은 실명 등록 없이 책임 있는 토론이 되겠느냐고 걱정했습니다. 그러나 실명제에 대해서는 토론 참가자들 다수가 개인 정보 보호, 세계적 추세 등을 근거로 반대하는 분위기였습니다. 회원 마당의 각종 커뮤니티에서는 실명으로 소통하되 〈민주주의 2.0〉 사이트 회원 활동은 실명 등록을 의무화하지 말자는 쪽으로 가닥이 잡혔습니다.

사실 대통령의 문제 제기는 실명 등록이라는 방식 자체보다는 '책임 있는 토론'에 방점이 찍힌 것이었습니다. '책임'이라는 말은 '노무현 시민 주권론'의 핵심 키워드입니다.

"앞으로 이 사이트는 개방, 공유, 참여의 웹 2.0식 협업을 중심으로 운영될 것입니다. 여기에 하나를 더 보태려 합니다. '책임'입니다. 개방, 공유, 참여, 책임을 바탕으로 시민의 집단 지성이 꽃피도록 하자는 것이 이 사이트의 기본 정신입니다."(2008년 3월 24일 〈민주주의 2.0〉 테스트 버전에 올린 글 '민주주의 2.0 사이트를 소개합니다')

'정치인 노무현'이 아닌 '시민 노무현'의 역할

그동안 〈민주주의 2.0〉 사이트 구상은 간간이 언론에 보도되기도 했습니다. 대부분 노무현 전 대통령이 현실 정치에 대해 본격적으로 입을 열기 위한 통로라고 설명합니다. 아닙니다. 이 사이트는 '대통령이 말을 하기 위한 사이트'가 아니라 '시민들이 말하고 소통하기 위한 사이트'입니다.

〈민주주의 2.0〉 사이트 구상은 '시민 노무현'의 역할을 고민하면서 시작됐습니다. 대통령은 지난해 봄 무렵부터 퇴임 후의 역할에 대한 구상을 가다듬었습니다. 전직 대통령으로서는 젊은 편이기 때문에 '대통령 노무현'을 마치고 나면 '정치인 노무현'으로서 무언가 적극적인 역할을 할 것이라는 예상이 적지 않았습니다. 대통령도 '정치인 노무현'의 길을

영 덮어 놓은 것 같지는 않았습니다. 가까운 사람들에게 다음 총선에 출마할 건지 묻기도 하고 지나는 말로 등을 떠밀기도 했습니다. 적어도 열린우리당이 깃발을 내리기 전까지는 그랬습니다. 그 이후 언제부턴가 '정치인 노무현'의 모습은 찾아보기 힘들었습니다.

시민의 한 사람으로 민주화 운동에 참여한 지 30년, 정치인으로 20년, 국정의 최고 책임자로서 5년. 그리고 이제 무엇을 할 것인가, 대통령의 결론은 다시 '시민'이었습니다. 영향력 있는 원로 정치인이 되는 쪽보다는 다시 시민으로 돌아가길 원했습니다. "권력에서 물러나지만 다시 가장 큰 권력, '시민' 속으로 돌아간다."고 표현했습니다.

　"역사 발전이라는 것이 대통령 한두 사람의 힘으로 이루어지는 것이 아닙니다. 한 사람의 대통령을 만드는 것보다 더 중요한 것은 올바른 가치와 이념을 지지하는 시민들의 흐름을 만드는 것입니다."

　'시민 노무현'이 시민 주권 운동을 위해 처음 꺼내 든 프로젝트가 시민들이 참여하고 소통할 수 있는 시스템, 인프라를 만드는 것입니다. 대통령은 컴퓨터가 처음 보급되기 시작한 80년대 중반부터 시스템과 프로그램에 관심이 많았습니다. 정치인이 되고 난 후에도 인명(人名) DB 프로그램인 '뉴리더', '노하우'와 같은 시스템을 직접 개발하기도 했습니다. 대통령이 되고 나서는 청와대 업무 관리 시스템인 '이지원' 개발을 직접 진두지휘해 특허까지 받았습니다. '시민 노무현'이 시민 주권 운동을 위한 시스템 개발에 몰두하는 건 새삼스러운 일이 아닙니다. 그건 대통령이 가장 잘할 수 있는 일 중 하나입니다.

"느린 것 같아도 그게 지름길"

　〈민주주의 2.0〉은 이름만 2.0이 아니라 사이트 운영 역시 철저하게 2.0 방식으로 할 방침입니다. 정치적 발언을 내보내고 확산시키는 창구를 만들자고 이 작업을 하는 게 아닙니다.

"시스템 운영은 운영진이 최종 책임을 가지고 운영할 것입니다. 그러나 토론을 주도하지는 않을 것입니다. 토론 주제를 정하고 진행하는 일, 화면을 구성하고 디자인하고 편집하는 일, 나아가서는 시스템의 구조와 기능을 개선하는 일 등 모든 것을 시민이 참여하고 시민이 주도하도록 할 것입니다. 웹 2.0, 집단 지성, 이런 개념을 적용해 보자는 것입니다."(2008년 3월 24일 〈민주주의 2.0〉 테스트 버전에 올린 글 '민주주의 2.0 사이트를 소개합니다')

시민들 스스로 콘텐츠를 만들어 올리고, 함께 검증해 발전시키고, 이를 활용해 보자는 겁니다. 그래서 콘텐츠를 만들어 내는 기자나 집필자들을 상근 인력으로 두는 건 염두에 두지 않고 있습니다. 물론 회원들의 참여만으로 모두 해결해 나가기는 어려울 겁니다. 웹사이트 편집과 관리를 위한 기본 인력은 필요합니다. 대통령은 〈민주주의 2.0〉의 편집실 인력도 이 사이트에 적극적으로 참여하는 회원 중에서 의지와 여건이 되는 사람을 뽑아서 하자는 생각입니다.

막상 개발 작업을 하다 보니 손볼 일이 많아 당초 잡았던 일정보다 오픈이 많이 늦어지고 있습니다. 5월 23일에야 베타 테스트를 시작했고 한 달 정도 일정을 잡고 있습니다. 그동안 내부 알파 테스트에서는 사이트의 구조와 기능, 특히 토론 구조를 다듬는 데 초점을 맞췄습니다. 베타 테스트에서는 시스템에 대한 토론 이외에 일반적 주제에 대해 다양한 토론을 진행하고 있습니다. 베타 테스터는 〈사람사는 세상〉 회원 가운데 100여 명 정도. 이번 테스트를 통해 실제 토론이 어떻게 진행되는지 여러 가지 경우의 수를 짚어 보고 이를 시스템에 반영한 후 사이트를 오픈할 예정입니다.

〈민주주의 2.0〉에 대해서는 대통령 주변의 가까운 참모들도 아직 걱정이 많습니다. 전문가들이 주도하는 게 아니라 시민들의 참여가 중심이라고 하는데 많은 사람들이 올까, 생산적인 토론이 이루어질까, 기존의 사이트와 달라서 일반 시민들이 참여하기에 구조가 복잡하지는 않을까 등등. 사이트의 미래를 가장 낙관적으로 보는 사람은 역시 대통령입니다. 시민들의 자발적 소통을 통해 시민 의식이 발전하고 시민 주권 운동, 진보적 시민민주주의의 디딤돌을 만들 수 있다고 확신하고 있습니다. 아닌게 아니라 한 달 넘게 수십만이 참가하는 촛불 집회도 웹 2.0 방식으로 만들어 내는 수준 높은 시민들입니다.

얼마 전 시청 앞 촛불 시위에 참가한 한 시민의 TV 인터뷰가 생각납니다. 시위를 주도하는 지도부가 없어 우왕좌왕하는 것 아니냐는 질문에 그는 이렇게 대답했습니다.

"시민 개개인이 목소리를 내서 대세를 만들어 가는 게 정석 아닌가요. 우왕좌왕해도 이게 민주주의로 가는 지름길이죠."

땅이 살아야 사람도 산다

방문객 인사 (2008. 8. 20.)

("오리 농법 잘됩니까, 대통령님?") 예, 지금 오리가 이제 다 나왔습니다. 일 마치고 다 돌아갔습니다. ("아까 저기 있던데요, 저 밑에.") 예, 아직 남은 놈들이 조금….(사람들 웃음) 벼가 꽃필 시기라서 위험하다고 오리를 빼자 했는데, 괜찮겠다고 두신 분들이 조금 있습니다. 관찰하면서 약간이라도 벼꽃을 먹는다든지 하면 곧 쫓아낼 겁니다, 아마.(사람들 웃음) 그동안 일 많이 했는데….

올해 전체적으로 성공이라고 합니다. 벼가 다른 일반 농사보다 오히려 잘됐다고 합니다. 보통은 10퍼센트 정도 (손해를) 감수를 하고 시작한 일인데 감수 없이 갈 거라고 그러네요.

("올해 사 먹을 수 있는 겁니까?") 올해 농사를 지으면 어쨌든 농약 안 친 쌀이 됩니다. 옛날에 농약을 쳤기 때문에 농약이 좀 축적돼 있는, 농약이 잔류하는 것을 완전히 배제할 수는 없는, 물론 기준치 훨씬 아래이기 때문에 문제는 없지만 좀더 함량이 낮은 쌀이 되겠지요. 완전히 잔류 농약이 없는 쌀이라고 장담할 순 없습니다. 땅에 잔류한 것은 몇 년이 가야 완전한 무농약으로 인정을 받을 수 있다고 하네요.

근데 중요한 것은 땅을 살리는 겁니다. 농약은 미생물들을 다 죽여 버리기 때문에 땅이 죽습니다. 땅이 죽으면 거기서 생산된 쌀도 생명력이 떨어진다는 것입니다. 이건 뭐 분석해서 나오는 것보다는, 우리 동양적인 생태 사상에서는 죽은 땅에서 나온 쌀은 아무리 잘 지어도 사람들 몸에 보약이 안 된다는 것이죠. 그래서 생생하게 땅을 살려서 농사를 지으면 그 쌀이 기가 있는 쌀이 되는 것이죠.

대개 그것을 일반적으로 유기농이라고 합니다. 근데 조금 더 욕심을 부리는 사람들은 유기농을 넘어서 생태농으로 이름을 바꾸려고 합니다. 자연계의 순환 원리에 아주 맞는 그런 농법이라는 것이죠. 근데 그 자연계는 매 시기 다양한 생명체들이 그 안에서 서로 어울려서 싸우기도 하고 협조하기도 하고 그렇게 하고 있는 것을 말하는 것인데, 그게 잘 맞추어 가면은 농약이라든지 화학비료를 주지 않고 농사를 지을 수 있다는 주장입니다.

우리가 어릴 적에 심경답(深耕畓)이라는 걸 많이 배웠습니다. 깊이 갈고 비료를 많이 주어라. 그런 농법을 우리가 한때 배웠는데 지금 생태 농업 하는 사람들은 깊이 가는 것이 필요 없다, 미생물이 살아 있으면 미생물과 땅의 벌레들이 알아서 땅을 다 갈아엎는다. 이렇게 말합니다. 그래서 자연스럽게 농사지을 수 있다, 이런 주장들을 합니다.

 아직 우리는 이 부분까지는 적용 못 했고, 올 가을 추수해 놓고 공부를 좀 더 많이 해 가지고 다음 해 그다음 해 이렇게 점진적으로 적용을 해 보려고 합니다. 전체 논이 24만 평인데 올해 오리가 농사를 지은 곳은 약 2만 4000평, 딱 10분의 1입니다. 그래서 내년에는 올해 오리 농사 했던 것은 조금 일보 전진하는 상태로 조금 더 연구를 해 보려고 하고, 우렁이도 조금 실험을 해 봤고요. 나머지 전체를 내년에는 오리나 우렁이 같은 방법으로 갈아 보려고 합니다.

 물론 제가 가는 것이 아니고 마을 농민들이 주로 갈고 또 우리 비서들이 갈죠. 우리 비서들이 여기 나락을 한 서 마지기 정도 심었습니다. 자기는 안 하면서 농민들보고 입만 가지고 떠든다고 할까 봐.(웃음) 우리 비서들이 농민들에게 이거 해 보자 저거 해 보자 이런 제안을 하게 될 텐데, 지는 농사도 안 지으면서 이런 말하기가 뭐하잖아요? 그래서 형님들한테 사정해 가지고 땅 서 마지기 얻어서 농사를 지었습니다.

서 마지기 농사지을 때 체험 자원봉사할 분들 모집했습니다. 모집했더니 아이들 데리고 많이들 오셨어요. 그래서 어린이들과 함께 모를 심었지요. 솔직히 걱정도 좀 했습니다. 저 어린이들이 들어가서 논 다 버린다(웃음) 모내기 다 버린다 이래 생각도 했는데, 실제로 손색이 없을 뿐만 아니라 기계모보다 낫다고 할 정도로 잘 심었어요. 물론 잘못 심은 건 다시 뽑아서 새로 심고 했습니다.(사람들 웃음)

한번 해 보니까 내년부터는 모 한번 심어 보는데 얼마 하고 거꾸로 돈을 받을까 이런….(사람들 웃음) 돈 받는 농사를 한번 좀 해 볼까 이런 생각도 하고 있습니다. 왜냐하면 사실 자원봉사 체험을 준비하는 데 들어가는 공력이 모심는 일품보다 훨씬 많이 들거든요.(웃음) 그래서 자원봉사도 돈 받고 해야겠다, 이런 의논들 하는 얘기를 전해 들었습니다.

저는 뭐 만사를 책으로 합니다. 실제로는 할 줄도 모르면서 어디 책 읽고 이런 거 있더라, 뭐 이런 얘기하면서 참견하고, 의논하고, 현장에 가 보고 그럽니다. 어린이들한테도 책 많이 읽으라고 그러세요.(함께 웃음)

자연인, 자연으로 돌아오다

조기숙 • 청와대 전 홍보수석

6월의 첫날, 참언론지지모임(참언모) 회원들과 함께 자원봉사를 하기 위해 봉하마을을 찾았습니다. 퇴임 날, 대통령을 모시고 참모들과 처음 봉하마을을 찾은 것을 시작으로 세 번째 방문입니다. 두 달에 한 번꼴로 봉하마을을 찾은 셈이지만 꽤 오랜 세월이 흐른 것만 같습니다.

하얗게 새치가 나오고 햇볕에 그을린 대통령의 모습에서, 사람들로 혼잡한 봉하마을 편의점에서, 깨끗하게 잘 정리된 시골 산길에서, 황토 물이 찰랑거리는 넓은 논에서, 조금씩 자라가는 장군차나무에서 봉하마을의 변화가 느껴집니다.

물론 변하지 않은 것도 있습니다. 여전히 대통령 사저 앞에 몰려드는 수많은 인파와 언덕 위에서 그들을 반갑게 맞이하는 대통령의 모습, 아방궁이라는 비난이 무색하게 주변 산세에 맞춰 단아하고 겸손한 모습으로 자리 잡은 대통령의 사저는 첫날 모습 그대로입니다.

청와대에 오지 않았으면 몰랐을 대통령의 진면목

오후 1시 30분, 대통령이 손님을 맞기 위해 언덕에서 인사를 합니다. 저도 그 뒤에 서서 방문객들에게 인사를 드립니다. 참모가 함께 인사를 할 때마다 대통령은 부하 칭찬에 여념이 없습니다. 열 손가락 깨물어 아프지 않은 손가락이 없다지만 함께 고생하며 힘든 5년을 견뎌 낸 참모들을 볼 때마다 늘 짠한 마음이 드는가 봅니다.

"조기숙 교수 잘 아시지요? 조 교수 글이 아주 좋습니다. 보배와 같습니다. 하지만 '노빠'로 낙인찍히는 바람에 공정성을 훼손당해 독자로부터 신뢰를 잃은 것 같습니다. 그게 참 안타깝습니다. 아무리 진실한 글을 써도 '노빠'니까 하며 외면당하는 것이지요."

대통령은 제가 청와대를 떠나는 날에도 비슷한 말을 했습니다.

"안 오겠다는 사람을 억지로 데려다 놓고 미안해 죽겠어요. 나 때문에 상처만 많이 입은 것 같아요."

"아닙니다, 대통령님. 저는 지금도 그렇고 앞으로도 청와대에서 대통령님과 함께했던 시간을 조금도 후회하지 않을 것입니다. 만일 안에 들어와 보지 않았더라면 저 또한 다른 사람과 마찬가지로 대통령님을 오해하

고 비판하는 칼럼을 썼을 것입니다. 앞으로 남은 임기 동안이라도, 정 안 되면 역사적 기록으로라도 제가 청와대에서 보고 느낀 것을 증언할 수 있다면 제게는 큰 행운이라고 생각합니다."

그때 대통령은 다행이라며 안도의 한숨을 내쉬었지요. 그 후에도 저를 만날 때마다 언제나 따뜻하게 맞아 줍니다. 그에 비하면 저는 결코 좋은 참모가 아니었습니다. 오죽하면 늘 쓴소리를 도맡아 해 오던 권양숙 여사가 "조 수석이 내가 할 악역을 다해 주니 나는 인기 관리만 해야겠다." 고 농담을 했겠습니까.

한번 싫다면 그만두어야 함에도 불구하고 저는 대통령이 싫어하는 청을 하고 또 하고 지치지도 않고 했습니다. 그러나 대통령은 그런 참모를 미워하거나 멀리하지 않았습니다. 귀찮게 구는 저를 꾸중한 뒤에는 주말에 따로 불러 영부인과 함께 식사를 하면서 위로할 정도로 참모에 대한 사랑이 지극했습니다.

역사의 증인이 될 수 있다는 생각보다 더 보람 있었던 것은 대통령의 진면목을 가까이서 볼 수 있었던 것입니다. 그분의 따뜻한 인간미와 역사에 대한 깊은 통찰력을 경험하면서 제 가슴은 늘 감동과 놀라움으로 꽉 차올랐습니다.

"함께 가지 않으면 성장은 지속되지 않습니다"

그날 자원봉사자들은 비지땀을 흘리며 거대한 노란색 오리 막사를 2만 5000평의 논으로 옮기고 있었습니다. 태풍에도 날아가지 않도록 튼튼하게 만든 오리집은 예닐곱 명의 장정이 걸머지기에도 무거워 보였습니다. 반바지에 긴 장화를 신은 자원봉사자들이 철갑 같은 오리집을 옮기는 모습을 보며 우리 일행은 작업복을 제대로 준비해 오지 않은 것을 후회했습니다.

이처럼 노사모 회원들은 주말이면 가족 단위로 봉하에 내려와서 농사일을 거들고, 잡초를 뽑고, 나뭇가지를 쳐내 장군차나무를 가꾸고 있습니다. 그날은 전남 순천, 경기 구리·남양주, 서울 동작 등 세 지역에서 온 노사모와 우리 일행이 저녁에 함께 모여 대통령이 준비한 막걸리와 음식을 나눴습니다.

남녀노소가 조화롭게 어우러진 노사모 가족은 참 정겨워 보였습니다. 우리의 전통적인 공동체가 이곳에서 복원되는구나 하는 벅찬 느낌이 들었습니다. 회원들은 즉석에서 따끈따끈한 부침개를 만들어 돌리기도 하고 집에서 준비해 온 많은 음식을 우리에게도 나눠 줬습니다. 이 자리를 빌어 그분들의 친절에 깊은 감사를 드립니다.

막걸리가 두어 순배 돌았을 때 대통령이 왔습니다. 인사와 함께 봉하에 내려온 이유, 그리고 앞으로의 꿈과 계획을 말합니다.

"함께 가지 않으면 성장은 지속되지 않습니다. 소득이 불평등해지면 소비 시장이 죽습니다. 하지만 제 임기 중에도 이 문제는 별로 해결된 것 같지 않습니다."

대통령은 중앙과 지방의 격차, 소득 격차 문제로 임기 중에나 후에나 마음을 놓지 못하고 있습니다.

"사람들이 말로는 은퇴 후 시골에 살겠다고 하지만 실제로 실천은 못하고 있습니다. 기반 시설이 없어 엄두를 못 내는 것입니다. 아이들이 농촌에 와서 방학이나 휴가, 주말을 보낼 수 있도록 봉하마을을 그렇게 만들어 보려고 합니다."

대통령이 친환경 농법에 관심을 갖고 직접 오리 농법으로 논농사를 지으며 살기 좋은 마을을 만들기 위해 노력하는 데에는 지속 가능한 성장, 그 이상의 뭔가가 있었습니다.

"인생의 존재 의미, 가치를 고민하다 보면 결국은 우주의 섭리를 생각하게 됩니다. 사회의 규칙에도 그와 같은 원리가 있지 않을까 생각합니다. 인간의 이성과 의지를 강조한 사상은 결국 한계에 부닥치고 맙니다. 자연의 섭리를 파악하게 되면 인간의 힘으로 할 수 없는 것, 즉 운명이란 것이 있음을 깨닫게 됩니다. 아이들이 어려서부터 자연 속에서 생활하다 보면 자연의 섭리 속에서 운명을 받아들일 줄 아는 정서를 배우지 않을까요. 금메달에만 환호하기보다는 정서적으로 부드럽고 따뜻한 사람으로 성장하지 않을까 생각합니다."

그랬구나. 대통령은 자연을 닮은 삶을 실천하고 싶은 거였습니다. 그리고 우리 아이들이 주말이나 방학 때라도 자연 속에서 자라면서 우주의 섭리를 배우게 하고 싶은 겁니다. 아이들이 여치와 반딧불이와 친구가 될 수 있는 깨끗하고 친환경적인 농촌을 만들고 싶은 것이 대통령의 꿈인 것입니다.

국민과의 소통, 진심은 통한다

나는 마음속으로 속삭였습니다.

'대통령의 삶은 이미 오래전부터 자연을 닮았습니다. 청와대 근무 내내 제가 대통령을 괴롭힐 수밖에 없던 이유도 그 때문이었습니다. 대통령은

국민의 마음을 사기 위해 인위적이고 작위적인 이벤트를 하는 것을 무척
이나 싫어하셨지요. 저는 국민이 원한다면 대통령이 배우처럼 연기라도
해야 한다고 맞섰고요.'

할리우드는 잘생긴 사람들이 쇼를 하는 곳이고, 워싱턴은 못생긴 사람
들이 쇼를 하는 곳이라고 합니다. TV와 영상이 정치인과 유권자가 의사
소통을 하는 가장 중요한 매체로 등장한 이후 정치인은 쇼맨십을 보여
주지 않으면 성공하기 어려운 시대가 되었습니다.

하지만 노무현 대통령은 '대통령다운' 권위적인 모습을 연출하기를 거
부하고 소탈하고 서민적인 모습을 있는 그대로 보여 주었기에 대통령답
지 않다는 비난을 들어야 했습니다. 대통령은 당장 손해를 보더라도 사
심 없이 국가의 미래를 위해 옳은 결정을 내렸지만 많은 정치인과 언론

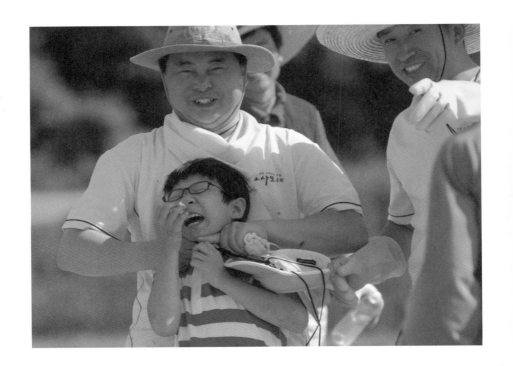

인은 정반대로 생각했습니다. 대통령이 저렇게 손해 보는 결정을 하는
데에는 분명히 계략이나 술수가 담겨 있을 것이라 해석을 했지요. 한국
의 정치인이라고 보기엔 너무 순수했고, 희생적이었고, 신념에 차 있었
기에 권모와 술수에 능한 구시대 정치에 익숙한 사람들에게는 이상하게
보일 뿐이었습니다. 이것은 대통령이 정계에 몸담고 있는 한 피할 수 없
는 운명의 굴레였다고 생각됩니다.

　하지만 진심은 언젠가 통하기 마련이기에 대통령이 임기 후 국민과 소
통하는 데 성공할 것이라는 믿음을 저는 한 번도 저버린 적이 없습니다.

대통령의 삶 자체가 순도 99퍼센트의 자연인이기에 자연으로 돌아옴으로써 그 빛을 발하게 된 것입니다.

아이들은 개울에서 올챙이를 잡고 산 속에서 반딧불이를 좇습니다. 부모들은 나무 그늘에 모여 앉아 친환경 농법을 배우고 살기 좋은 마을을 가꾸기 위한 토론을 합니다. 이러한 실험이 봉하마을에서 끝나지 않고 도시와 농촌이 자매결연을 해서 상부상조하면 어떨까 생각해 봅니다.

수많은 도시 농사모(농촌을 사랑하는 사람들의 모임) 회원들이 주말과 방학에는 아이들을 데리고 와서 친환경 농사일을 거들고, 열매를 따고, 함께 소비하는 모습을 그려 봅니다. 봉하마을의 성공 스토리가 전국으로 뻗어 나갈 그날을 기대하며 행복한 상상의 날개를 맘껏 펼쳐 봅니다.

왜 오리쌀인가

방문객 인사 (2008. 10. 26.)

왜 오리쌀이냐?

농민들은 30퍼센트 쌀값을 더 받습니다. 왜냐하면 오리 사 와서 뭐 하고 뭐 하고 일손이 훨씬 많이 들지요. 농약 쳐 버리는 거보다 일손도 많이 들고, 또 올해는 농사가 잘됐습니다만 경우에 따라서는 병이 나도 농약을 못 치니까 까딱 잘못하면은 농사 망치는 수가 있습니다. 위험 부담이 있고 일손도 많이 들고 그러니까 안 할라 그래요. 30퍼센트를 더 준다 해도 잘 안 할라고 합니다. 그래서 사정사정해 가지고 그렇게 하기로 했죠.

올해 농사 잘 지었습니다. 장마가 길지도 않고 날씨도 덥고 건조해서 나락이 엄청 잘됐어요. 일반 벼, 일반 관행 농법으로 한 보통 벼가 한 7퍼센트 증산이 됐고 오리 농사는 6퍼센트 증산이 됐으니까, 뭐 통계상의 오차 포함하면 똑같이 돼 버렸습니다. 똑같이 돼 버렸으니까 완전히 재미 본 거지요. 근데 시세의 30퍼센트를 더 받는다, 이게 농민들의 뜻입니다.

농민들은 30퍼센트를 더 받고 싶어 하는데, 저 같은 경우는 꿈이 뭐냐? 땅이 좀 살아나면 좋겠다는 겁니다. 우리 눈에는 생태계가 전부, 산이 푸르니까 푸른가 보다, 들이 푸르니까 푸른가 보다. 물이 흐르니까 뭐 흐르는가 보다 하지만 지난날하고 비교해 보면 우리나라 논이 굉장히 빈약합니다. 생태계의 다양성이 아주 빈약합니다. 예를 들면 옛날에 살던 눈에 보이는 많은 벌레들이나 물고기들이 지금은 자취를 다 감추어 버렸거나 씨가 말라 버렸거나 등이 휘었거나 아주 독한 놈만 살아남았거나 그렇게 돼 있죠. 논두렁에 가도 옛날에 기어 다니던 많은 벌레들이 다 없어져 버리고, 물벌레도 옛날에 있던 방개, 가재, 소금쟁이, 물거미 뭐 이루 이름을 다 외울 수 없는 많은 물벌레들이 요즘은 없거든요. 없습니다.

옛날에는 어쨌느냐 하면 여름에 물을 한 그릇 떠다가 마루에 놔두고 아침에 나와 보면 그 물그릇 안에 온갖 물벌레들이 날아와 가지고 헤엄치고 놀았어요. 그만큼 많았죠. 이제 그게 다 죽어 버렸는데 그게 죽고 땅에 있던 미생물이 죽고 그러다 보니까 땅이 점차 식어 간다 또는 죽어 간다 이러는 겁니다. 단순히 농약이 검출되는 문제가 아니고 죽은 땅에서 나온 쌀이 문제다. 죽은 땅에서 나온 쌀이라서 생명력이 떨어진다. 이게 문제라는 겁니다.

그래서 땅을 되살려서 생명력이 있는 땅에서 쌀을 생산해 보자. 요새는 농약 기술이 좋아 가지고요. 농약을 쳐도 농약이 잔류하지 않습니다. 추수에 임박해서 아주 운 나쁘게 멸구가 오거나 병이 와 가지고 그때 약을 치면 잔류하는데 그것도 현미를 싹 갈아 내버리고 나면 농약이 거의 잔류되지 않습니다. 농약 없는 쌀이 좋은 쌀이다. 이거는 이미 이제 얼추 지난날 얘기가 됐습니다. 농약이 검출되지 않았다는 것, 또는 적합 판정을 받았다는 것으로는 좋은 쌀이다 이래 말하기 어렵다는 거죠.

살아 있는 땅에서 생산된 쌀이래야 그게 좋은 쌀입니다. 그것을 영양이 풍부하다, 또는 좀 살아 있는 땅에서 난 쌀이다 해서 유기농 쌀이라고 해요, 유기농 쌀.

그래서 올해 우리가 지은 건 첫해기 때문에 저농약 수준으로밖에 안 넣어 주지요. 그다음에 두 해 세 해 넘어가고 4년 5년 지나서 땅이 살아나면 메뚜기가 푸르륵 날아서 도망가는 그런 상황을 맞게 되죠. 그래 될 때 이게 유기농 쌀로 대접을 받게 됩니다. 그렇기 때문에 농약을 안 치는 것 말고 이제 몇 가지 퇴비를 더 넣어야 되고 지력을 살리는 작업을 함께해 나가야 됩니다.

유기농 쌀이 되면 농민들한테는 30퍼센트만 더 주는 것이 아니고 50, 70, 80 뭐 100퍼센트 더 주더라도 먹는 사람들이 있을 겁니다. 그것이 더 가치 있는 것일 수 있다고 저는 그렇게 생각합니다. 그래서 올해는 우리가 저농약, 무농약, 그다음에 유기농 이렇게 가려고 하거든요?

엊그제 제가 '슬로 시티'라는 어떤 팸플릿을 하나 봤는데, 그건 뭐냐 하면 느리게 살자, 느리게 살고 가늘게 살자는 겁니다. 슬로 시티의 핵심 가운데 하나는 인스턴트 푸드가 아니고 천천히 만든 음식을 먹자는 게 있습니다. 요새 음식을 그냥 벼락치기로 먹지 않습니까, 그죠? 천천히 먹는다는 게 뭡니까? 그건 주로 발효했다는 뜻입니다. 말하자면 살아 있는 땅에서 자연의 원리에 따라서 생산하고 자연의 원리로서 가공하고 그래서 천천히 오랜 시간이 걸려서 숙성된 음식을 먹자, 이것도 핵심 내용에 들어 있거든요.

그런데 거기서 말하기를 유기농 수준으로 넘어서 초유기농으로 가자, 이렇게 얘기해요. 초유기농이라는 것은 유기 농법으로 지은 농사에서 끝나는 것이 아니라 자연 생태의 이치, 자연 운행의 이치에 따라 생산하고 가공되는 것을 얘기하죠.

참 좋습니다. 좋은데, 저는 진짜 복국집, 할매 복국집, 진짜 할매 복국집, 그 옆에 원조 진짜 할매 복국집, 뭐 이러는 거 같아서 기분이 좀 안 좋습니다. 초유기농 그러지 말고 그냥 생태농이라고 하자. 저는 이 논이 그냥 농사짓는 데 적합한 땅으로 살아나는 수준이 아니라 이 논과 논을 둘러싸고 있는 도랑, 논두렁, 그다음에 여기 둑, 산, 이 전체의 환경이 생태적으로 깨끗하고 풍부해지면 거기서 나온 모든 식물들은 생명의 기가 충만한 거 아니겠냐 이렇게 생각합니다.

과학적으로 분석이 될란지 안 될란지 모르지만 사람은 오감으로 경험해서 그런 개념을 가지고 있습니다. 기라는 개념을 가지고 있죠. 그래서 생명을, 기가 넘치는 쌀을 지어서 아이들한테 먹이면 아토피도 안 오고, 그죠? 싸움도 잘하고 공부도 잘하고, 그죠? 말썽도 많이 부리고 튼튼하고.(웃음)

그래서 그런 생태계를 한번 만들어 보자는 것이 저의 목표입니다. 농민들의 목표는 더 받는 거고, 저의 목표는 이 생태계를 그렇게 아름답게 만들어 놓는 거다. 그다음엔 뭐할 거냐? 우리 자라나는 아이들이 그 생태계에서 자연을 좀 더 다양하게 학습하면서 자랄 수 있으면 좋지 않겠는가, 똑같은 자연이지만 자연이 좀 더 풍부하고 다양하면 좋지 않겠느냐, 그리 생각합니다.

2008년 7월 3일

'오리 농군' 덕에 풍년 들겄네

신미희 • 청와대 전 홍보수석실 행정관

"삐삑, 삐삑."

봉하 들판이 요란합니다. 대통령과 주민들이 추진해 온 친환경 농법을 책임질 '오리 농군'들의 합창 소리입니다. 오리들이니 꽥꽥 할 줄 알았는데, 어려서 그런지 삐삐거립니다. 누가 '미운 오리 새끼'라고 했을까요? 부화 12일 만에 옮겨졌으니 태어난 지 한 달이 안 된 예쁜 새끼 오리들입니다.

그런데 어리다고 얕잡아 볼 게 아닙니다. 봉화산 사자바위에서 봉하 벌판을 내려다보면 오리 농군의 왕성한 활동력을 금세 느낄 수 있습니다. 오리 농군들이 휘젓고 다닌 논은 흙탕물입니다. 써레질을 해 놓은 것 같습니다. 오리가 없는 옆 논의 맑은 물과 확연히 다릅니다.

'오리 수색대' 봉하 벌판을 바꾸다

무슨 '일'을 하기에 논을 바꿔 놨을까. 모 사이사이를 헤집고 다니다 인기척이 나니 냅다 오리들이 줄행랑을 칩니다. 부리나케 달려오는 녀석들도 있습니다. 농로를 따라 한 녀석을 쫓았습니다. 100미터 달리기 하듯 한참 뛰었습니다. 따라잡지 못했죠. 몸집은 작아도 빠르기가 비호같습니다. 뒤뚱뒤뚱 걷는 오리 농군을 상상했는데 머쓱해졌습니다.

이 녀석들, 타고난 김매기 선수입니다. 머리를 물속에 박고 지치지 않고 입질을 합니다. 쉴 새 없는 갈퀴질에 잡풀 하나 자라기 어렵겠습니다. 실제로 오리 농법을 하면 풀들이 햇빛을 못 봐 죽는다고 합니다. 오리들은 벼 밑동을 연신 쪼아 대고 먹이를 찾느라 여념이 없습니다. 오리 열 마리가 사람 한 명 몫을 한다는데 '오리 수색대'를 만들어도 되겠습니다.

해충을 기막히게 잡아먹어 벼물바구미는 이미 싹쓸이했습니다. 예전 같으면 제초제, 해충제 등 농약을 두세 번은 족히 쳤을 텐데 그때보다 더 깨끗하답니다.

또 오리 똥은 그대로 천연 거름이 됩니다. 오리 논의 벼 줄기는 여기저기로 뻗쳐 있습니다. 벼 줄기 마디에서 가지가 갈라져 나오는 것을 '분얼'이라고 하는데 분얼 수가 많아야 수확량이 늘어납니다.

벌레 먹고 풀 먹고 '천하장사' 먹성

오리 농군의 먹성은 '천하장사' 수준입니다. 무엇이든 잘 먹는 잡식성에 대식가죠. 사람이 지나가면 우르르 달려와서 먹을 것을 내놓으라고 아우성입니다. 발걸음을 옮기니 5열 종대로 줄지어 쫓아옵니다. 잠시 멈췄더니 오리 행렬도 서서 뭔가를 기다리는 눈빛으로 쳐다봅니다. 흩어져 있던 녀석들까지 앞서거니 뒤서거니 헤엄쳐 옵니다. 7열 종대로 무리가 늘었습니다.

난감해졌습니다. 줄 게 없는데…. 쫓아오던 오리들이 허탕 친 것을 알았는지 투덜거리듯 '삐삐' 하며 하나둘 돌아갑니다. 미안하더군요. 놀리려고 일부러 그런 것도 아닌데. 그래도 벼는 먹질 않는다고 하네요. 주둥이 구조가 섬유질이 많은 벼를 먹기에 적합하지 않기 때문이랍니다.

오리를 논에 풀어 놓는 기간에는 사료를 최소한만 줍니다. 배가 고파야 여기저기 돌아다니며 벌레를 잡아먹고, 풀을 뜯어먹고, 열심히 일을 하게 되니까요. 여름내 농사를 짓고 난 농군 오리는 비쩍 마릅니다. 일반 오리가 2.5킬로그램 안팎인 데 비해 농군 오리는 1.5~2킬로그램에 불과해 식용으로 쓰려면 일정 기간 다시 사료를 주고 키운다고 하네요.

사람이나 오리나 농사일이 고되기는 마찬가지인가 봅니다. 그렇다고 오리가 휴일 없이 일만 하는 것은 아닙니다. 비 오는 날은 당연히 쉬고 논에 물이 없을 때나 풀이 많지 않을 때는 풀어 놓지 않아도 된다고 합니다.

봉하마을의 새로운 마스코트가 되다

그동안 봉하마을에서는 AI 파동 등으로 오리 농법을 제대로 할 수 있을지 걱정이 많았는데요. 우여곡절 끝에 6월 13일 오리들이 입성하면서 대통령과 주민들이 두 달 넘게 준비해 온 오리 농법이 본격적인 궤도에 올랐습니다.

방역과 소독을 거쳐 전입신고한 오리는 2460마리. 날렵하며 체질이 강건한 카키캄벨(Khaki Campbell)종입니다. 현지 적응 훈련을 위해 오리들을 막사로 옮겼습니다. 6월 14일 오후 2시. 대통령과 마을 주민, 자원봉사자들이 참여한 가운데 모내기가 빨랐던 이병기 씨 논에 처음으로 오리를 풀었습니다. 첫 오리 농군 출정식인 셈이죠.

대통령은 "풍년 들게 농사 좀 잘 지어 주라."며 오리 농군들을 일터로 보냈습니다. 오리들은 논에 들어서자마자 벼 포기를 뒤집니다. 유심히 지켜보던 대통령이 "건강해 보이는데 이 녀석들이 나락 다 삐댄다."며 일을 잘 해낼까 염려하는 기색도 비칩니다. 벼의 성장 상태에 따라 오리를 나눠 넣었는데, 6월 27일을 마지막으로 친환경 오리 농법 시범 단지 8만 1000제곱미터(2만 4600평)에 2460마리의 오리가 둥지를 틀었습니다.

귀염둥이 오리 농군들은 봉하마을의 새로운 마스코트가 됐습니다. 방문객들은 만남의 광장에서 대통령을 만날 때마다 오리 농군 소식과 오리 농법 상황을 묻습니다. 〈사람사는 세상〉에는 오리 농법을 응원하는 메시지가 자주 올라옵니다. 봉하 비서실이 농사짓는 논에 손 모내기를 했던 '공채1기' 자원봉사자들의 관심은 남다릅니다. 몇몇 참가자는 시간 날 때마다 오리 농군 사진을 찍어 〈사람사는 세상〉에 올리는데 인기가 높습니다.

노사모 회관 옥상엔 '오리 진료소'도 생겼습니다. 그간 여덟 마리가 입원했다 퇴원했습니다. 지난주에는 발육 부진의 노란 오리와 빙글빙글 돌기만 하는 잿빛 오리가 입원했고요. 얼마 전에는 어느 네티즌이 손 모내

기한 논의 사진을 보고 "450평이면 45마리가
있어야 하는데 왜 49마리냐?"고 따지면서
'오리 숫자 논쟁'도 벌어졌는데요. 퇴원한 오
리 네 마리를 넣어 일어난 해프닝이었습니다.

"어제 오리들 야근했는가?" "잔업했습니다"

오리 농법에 대한 주민들의 감회는 더욱 새
롭습니다. 실수도 많았고 고생도 했죠. 가장
힘든 일은 아침에 풀어 준 오리를 저녁에 막
사로 다시 불러 모으는 것. 오리들은 쉽게 귀
가하지 않았습니다. 들어갔다가도 한두 마리
가 도망치면 나머지도 우르르 몰려 나가는
바람에 도루묵이 되곤 했죠. 사람이 오리를
모는 게 아니라 오리가 사람을 데리고 노는
형국이었다고 합니다.

방사 첫날 주민 서넛은 밤 11시까지 '오리
와의 전쟁'을 치렀습니다. 이런 모습을 지켜
보다 들어간 대통령은 늦도록 오리 부르는

소리, 호각 소리 등이 계속되자 다음날 새벽 일찍 들판에 나왔습니다. "어제 오리들 야근했는가?" "아입니더. 잔업했습니더." 대통령의 초등학교와 중학교 후배인 이기우 친환경농업생산단지추진위원회 부위원장의 답변에 폭소가 터졌습니다. 대통령도 "잔업 시키지 마라."며 웃습니다.

그럼에도 이 부위원장은 잦은 '잔업'으로 오리들의 인심을 잃었다고 합니다. 피와 벼물바구미를 빨리 잡아야겠다는 생각에 이른 새벽부터 저녁 늦게까지 오리에게 일을 시킨 것이죠. 그래서인지 '탈출 오리'가 많이 생겼는데 20~30마리나 된답니다. 주변에서 "밥은 잘 안 주면서 맨날 잔업 시키니까 도망갔지. 몇 놈은 자살했을지도 모른다."고 핀잔을 주자 이 부위원장은 "내년엔 매니큐어를 발라 놓든가, 모자를 씌워 놓든가 해야겠다."고 맞받습니다.

탈출 오리는 대개 그물망을 허술하게 친 논에서 나옵니다. 비서실에서는 수시로 오리 농군 동태를 살피는 '오리 감시'가 주요 일과가 되었습니다. 6월 26일 아침엔 그물망을 빠져나온 오리 다섯 마리가 발견돼 '탈출 경로'를 봉쇄했습니다. 오후엔 세 마리가 탈출한 논 주변을 배회하다 잡혔습니다. 오리는 워낙 재빨라 두 사람 이상이 양동작전을 펼쳐야 잡을 수 있답니다.

오리 때문에 재미있는 일도 많습니다. 방사 이튿날, 이병기 총무가 밤 늦도록 오리를 불러들이는데 사료가 떨어졌답니다. 급히 집으로 달려가 사료를 가져온 이 총무. 그런데 사료 모양이 좀 이상했습니다. 개 사료를 잘못 가져온 것이죠. 그걸 본 김정호 전 비서관이 외친 한마디. "오리가 개가?" "배고프면 다 묵는다." 달밤에 두 사람이 한참을 웃었답니다.

'얼라 키우듯' 정성껏 돌보는 주인들

그뿐만이 아닙니다. 김호문 씨는 막사에 세 번이나 갇혔습니다. 문이 닫히면 밖에서만 열 수 있는 구조 때문입니다. 먹이 주러 들어갔다가, 또는 오리를 가두다가 막사가 기울면서 저절로 문이 잠겨 버린 것이죠. 휴대전화 없이 갇혔을 땐 사람 지나갈 때까지 기다렸다고 하네요. 공교롭게도 부위원장 세 사람(문성구, 이기우, 이용희)은 모두 막사에 갇힌 경험이 있습니다.

오리 '귀가 전쟁'은 며칠 지나자 나아졌습니다. 먹이가 도움이 됐죠. 사료를 주면 멀리 있는 오리들까지 알아서 달려옵니다. 김호문 씨는 "하루 두 번 주던 걸 한 번 주니까 배고파서라도 오더라."며 웃습니다. 황봉호 친환경농업생산단지추진위원장은 "사흘 고생했는데, 지금은 나를 기다린 듯 모여드는 오리들이 정말 귀엽다."고 말합니다.

주민들과 오리 농군들이 가까워진 결정적 계기는 '스킨십'. 주인들이 매일 먹이를 주고 돌봐 주면서 금세 오리들과 친해진 것이죠. 식성 좋은 오리지만 이젠 먹이만 갖고는 말을 듣지 않습니다. 주인 사랑을 못 받는다고 '놀림' 받는 이기우 부위원장네 오리들. 다른 사람이 사료를 주자 심드렁하게 먹다가 주인이 신호를 보내자 목청을 드높이며 난립니다. 순식간에 집합을 하더군요.

아침저녁이면 봉하 들판에는 주인을 반기는 오리 농군들의 함성으로 가득 찹니다. 오리를 부르는 주인들의 신호도 제각각입니다. 호루라기, 박수, 막사 두들기는 소리부터 '구구구구', '후루루루' 등 입소리까지. 문성구, 백승택 씨 오리들은 오토바이 경적이 울리자 쏜살같이 몰려듭니다. 승구봉 씨 오리들은 트럭 소리만 나도 알아서 오는데 자가용을 타고 가면 반응이 없다고 하네요.

천차순 할머니는 만생종 벼를 심어서 6월 26일에야 오리를 풀었습니다. 그동안은 '막사 내무반' 생활을 했죠. 할머니가 '얼라 키우듯' 정성껏 돌본 오리들. 방사 첫날 밤늦게까지 막사로 들어가질 않아 애를 먹였습니다. 이 녀석들, 다른 신호는 영 듣질 않다가 할머니가 "가자, 가자." 해야 겨우 모이는 겁니다.

오리한테도 믿음을 줘야 한다

이러다 보니 주인들의 오리 사랑은 나날이 깊어 갑니다. 나중엔 주인

발자국 소리만 들어도 오리들이 모인다고 하는데, 정말 그렇게 될까요? 오리 사랑이 일꾼 오리 본연의 역할을 방해하는 일도 있습니다. 사료를 많이 줘 문제가 생긴 겁니다. 오리가 너무 빨리 크면 모를 짓밟게 될 수 있거든요.

사료에 쌀겨를 섞어 온 이용희 씨. 정성은 좋았는데 '과다'로 걸렸습니다. "오리 키워서 팔라고? 나락 키워서 팔아야지. 많이 주면 일 안 한다." 주변에서 뭐라고 하자 오리 농군을 두둔합니다. "괜찮다. 묵고 나면 또 일 한다."

오리를 가장 잘 훈련시켰다는 승구봉 씨. 오리를 가두는 데 2분이면 끝납니다. '오리 조교'라는 별명이 붙을 만합니다. 분양 받은 180마리 중

잃은 오리가 없습니다. 봉하마을 최연소 농부인 그에게 비결을 물어봤습니다.

"신용을 얻어야지예. 정해진 시간에 먹을 것 주고, 풀어 주고, 불러들이고. 약속을 지키는 겁니더. 모이도 세 단계로 줍니더. 힘센 놈이나 여린 놈이나 똑같이 먹을 수 있게요. 사흘 교육 잘 시키면 70일 편하게 농사짓는 겁니더. 시간 절약하고 효과적이고. 어떻게 종일 오리한테 매달리겠는교? 그래야 오리도 스트레스 안 받심더."

그는 오리 농법 재미에 푹 빠져 있습니다. 기술 지도를 받으면 응용해 보고 개선할 점이 없는지 궁리합니다. 사료와 물을 공급하는 장치를 자동 시스템으로 바꿀 아이디어를 생각하고, 오리 막사와 배설물 처리 개선 방안도 연구해 놓았습니다.

며칠 전부터는 마을 식당에서 나오는 시금치, 무, 부추, 배추 등을 썰어 사료와 섞어 먹이고 있습니다. 영양식에 사료값 절약, 부산물 처리 등 일석삼조의 효과를 거두고 있죠. 이런 과정은 그의 영농일지에 매일매일 기록되고 있습니다.

"우리 벼가 최고로 좋습니다"

친환경농업생산단지추진위원회 간사인 김정호 전 비서관은 오리 농법을 하면서 사람과 오리의 교감이 가장 중요하다는 걸 깨달았다고 합니다. 오리가 논과 벼에 적응하듯 사람도 오리에 적응해야 한다는 것. 하지만 오리 농법의 목표는 '오리 관리'가 아닌 '벼 관리'임을 강조합니다. 어디까지나 벼를 잘 키우기 위해 오리를 넣는 것이니까요.

주민들은 오리 농법 시범 농사가 아주 잘 진행되고 있다고 말합니다. 승구봉 씨는 "지금처럼 간다면 몇 년 후엔 우리를 가르쳤던 분들이 배우러 와야 할지도 모른다."고 너스레를 떱니다. 물론 그의 희망대로 나중에 봉하마을이 오리 농법 견학지가 될지는 미지수입니다. 그러나 봉하 오리 농법이 순항하고 있는 것만은 확실합니다.

관리의 번거로움 등을 들어 대통령 앞에서 못하겠다고 했던 이기우 부위원장은 "오리들이 농사를 잘 짓는다. 우리 벼가 최고로 좋다."며 칭찬을 아끼지 않습니다. 인근 용성마을 노재동 씨는 "수확을 해 봐야 알겠지만 지금까지 본 걸로는 나도 오리 농법을 해 보고 싶다."고 하더군요.

오리 농법이 성공하려면 봉하를 찾는 분들의 협조도 필요합니다. 주차장, 농수로 주변에는 방문객이 주는 음식을 먹고 웃자라거나 게을러진 오리들이 있답니다. 몇몇 막사엔 "오리에게 먹이 주지 마십시오."라는 글귀까지 나붙었습니다. 대통령도 기회 있을 때마다 당부하는데 잘 지켜지지 않고 있답니다.

오리 농군 입성으로 봉하마을은 여러 가지가 바뀌었습니다. 주민들은 '자연 농사꾼'이란 선물을 받았고 방문객에게는 좋은 볼거리가 생겼습니다. 가장 큰 변화는 봉하의 농심이, 농부의 마음이 살아나고 있다는 것입니다. 농사짓는 즐거움, 자연과 교감하는 행복, 함께하는 희망 말이죠. 그 한가운데에 대통령이 있습니다.

이명박 대통령께 드리는 편지

이명박 대통령님.

기록 사본은 돌려드리겠습니다.

사리를 가지고 다투어 보고 싶었습니다.

법리를 가지고 다투어 볼 여지도 있다고 생각했습니다.

열람권을 보장받기 위하여 협상이라도 해 보고 싶었습니다.

그래서 버티었습니다.

모두 나의 지시로 비롯된 일이니 설사 법적 절차에 들어가더라도 내가 감당하면 될 것이라고 생각했습니다. 그런데 이미 퇴직한 비서관, 행정관 7~8명을 고발하겠다고 하는 마당이니 내가 어떻게 더 버티겠습니까? 내 지시를 따랐던 힘없는 사람들이 어떤 고초를 당할지 알 수 없는 마당이니 더 버틸 수가 없습니다.

이명박 대통령님.

모두 내가 지시해서 생겨난 일입니다. 나에게 책임을 묻되, 힘없는 실무자들을 희생양으로 삼는 일은 없도록 해 주시기 바랍니다.

기록은 국가기록원에 돌려 드리겠습니다.

"전직 대통령을 예우하는 문화 하나만큼은 전통을 확실히 세우겠다."

이명박 대통령 스스로 먼저 꺼낸 말입니다. 내가 무슨 말을 한 끝에 답으로 한 말이 아닙니다. 한 번도 아니고 만날 때마다. 전화할 때마다 거듭 다짐으로 말했습니다.

 그 말을 듣는 순간에는 자존심이 좀 상하기도 했으나 진심으로 받아들이면서 '감사하다'고 말씀드렸습니다. 그리고 은근히 기대를 하기도 했습니다.

 그 말씀을 믿고 저번에 전화를 드렸습니다.

 "보도를 보고 비로소 알았다"고 했습니다.

 이때도 전직 대통령 문화를 말했습니다. 그리고 부속실장을 통해 연락을 주겠다고 했습니다. 그래서 선처를 기다렸습니다.

 그러나 한참을 기다려도 연락이 없어서 다시 전화를 드렸습니다. 이번에는 연결이 되지 않았습니다. 몇 차례를 미루고 미루고 하더니 결국 "담당 수석이 설명드릴 것이다."라는 부속실장의 전갈만 받았습니다.

 우리 쪽 수석 비서관을 했던 사람이 담당 수석과 여러 차례 통화를 시도해 보았지만 역시 통화가 되지 않았습니다.

 지금도 내가 처한 상황을 믿을 수가 없습니다.

 "전직 대통령은 내가 잘 모시겠다."

 이 말이 아직도 귀에 생생한 만큼 지금의 궁색한 내 처지가 도저히 실감이 나지 않습니다.

 내가 오해한 것 같습니다.

 이명박 대통령을 오해해도 크게 오해한 것 같습니다.

이명박 대통령님,

가다듬고 다시 말씀드리겠습니다.

기록은 돌려드리겠습니다.

가지러 오겠다고 하면 그렇게 하겠습니다.

보내 달라고 하면 그렇게 하겠습니다.

대통령기록관장과 상의할 일이나 그 사람이 무슨 힘이 있습니까?

국가기록원장은 스스로 아무런 결정을 하지 못하는 것 같습니다.

결정을 못하는 수준이 아니라, 본 것도 보았다고 말하지 못하고 해 놓은 말도 뒤집어 버립니다. 그래서 이명박 대통령에게 상의드리는 것입니다.

이명박 대통령님,

질문 하나 드리겠습니다.

기록을 보고 싶을 때마다 전직 대통령이 천릿길을 달려 국가기록원으로 가야 합니까?

그렇게 하는 것이 정보화 시대에 맞는 열람의 방법입니까?

그렇게 하는 것이 전직 대통령 문화에 맞는 방법입니까?

이명박 대통령은 앞으로 그렇게 하실 것입니까?

적절한 서비스가 될 때까지 기록 사본을 내가 가지고 있으면 정말 큰일이 나는 것 맞습니까?

　지금 대통령기록관에는 서비스 준비가 잘되고 있는 것으로 알고 있습니까?

　언제쯤 서비스가 될 것인지 한번 확인해 보셨습니까?

　내가 볼 수 있게 되어 있는 나의 국정기록을 내가 보는 것이 왜 그렇게 못마땅한 것입니까?

　공작에는 밝으나 정치를 모르는 참모들이 쓴 정치 소설은 전혀 근거 없는 공상소설입니다. 그리고 그런 일이 기록에 달려 있는 것은 더욱 아닙니다.

　이명박 대통령님,

　우리 경제가 진짜 위기라는 글들은 읽고 계신지요? 참여정부 시절의 경제를 '파탄'이라고 하던 사람들이 지금 이 위기를 어떻게 규정하고 있는지 모르지만, 아무튼 지금은 대통령의 참모들이 전직 대통령과 정치 게임이나 하고 있을 때가 아니라는 사실 정도는 잘 알고 계시리라 믿습니다.

　저는 두려운 마음으로 이 싸움에서 물러섭니다.

　하느님께서 큰 지혜를 내리시기를 기원합니다.

2008년 7월 16일

16대 대통령 노무현

'기록물 사건' 당시 노무현 대통령이 쓴 편지다. 그러나 끝내 청와대에 보내거나 공개하지는 않았다.

2008년 7월 14일

또다시 '바보 노무현'

양정철 ● 청와대 전 홍보기획비서관

　　　　　　한국에서 전직 대통령으로 살아간다는 것은 무엇일까? 명예일까, 멍에일까?

　봉하로 향하는 길, 장대비가 갑자기 퍼붓는 문경새재를 넘으면서 문득 떠오른 생각입니다. 고향 마을로 돌아가 이제야 비로소 소박한 평화와 안식을 찾은 분. 그러나 그조차 허용되지 않는 최근 상황. 그런 그에게 이 나라에서 전직 대통령으로 살아간다는 것은 어떤 의미일까요. 봉하마을에 도착할 때까지 차를 모는 내내 그 답을 찾지 못했습니다.

　국가기록원 담당자들이 봉하마을을 찾은 날, 사저에서 대통령을 만나는 심경은 착잡했습니다. '노엽지 않으십니까?' 어리석은 질문이 입에서 맴돌았지만 대통령은 기회를 주지 않았습니다.

　심경이 번잡할 만도 한데 무슨 일이 있었냐는 듯 평소처럼 화포천 복원 문제를 챙기고 김해시장과 통화하면서 대책을 강구하는 대통령에게 차마 구차한 이 논란에 대해 한마디도 질문하지 못했습니다.

오리 농법을 두고 봉하마을 한 가구 한 가구의 처지와 농사 형편까지 꿰고 열정적으로 얘기하는 대통령을 보며 엉뚱하게도 청와대 임기 마지막 해 막바지에 이지원 기록물 재분류를 위한 대통령 주재 회의 때의 모습이 떠올랐습니다.

'825만 건'의 숨은 비밀

부끄러운 고백을 하자면 그 회의 내내 저는 불만스러웠습니다. 저뿐 아니라 많은 참모들이 못마땅한 기분을 숨긴 채 회의에 앉아 있었습니다. 대통령의 강력한 의지에 주눅이 들어 차마 반발을 못했지만 대부분 죽을 맛이었습니다. 몇 번의 반대 의견이 대통령의 뜻으로 이미 꺾인 사안. 그것은 이지원 기록물에 관한 것이었습니다.

2007년 초부터 노무현 대통령의 임기 마지막까지 청와대는, 지금 생각해도 끔찍한 업무로 홍역을 치렀습니다. 5년 동안의 방대한 청와대 자료를 몇 가지로 분류해 기록물로 남기는 작업. 그 양은 상상을 초월하는 수준이었습니다.

그 작업에 몇 달을 매달렸습니다. 그게 끝이 아니었습니다. 분류가 허술하다고 하여 세부 분류 작업을 다시 하기도 했습니다. 많은 비서관들과 행정관들이 몇날 며칠 밤을 샜는지 모릅니다.

그날 회의는 이지원 기록물 재분류를 결정한 대통령 주재 회의였습니다. 엄두가 안 난 행정관들은 물론 수석과 비서관들조차 반발하는데도 대통령은 (호통보다 무서운 무심한 표정으로) 이호철 당시 국정상황실장에게 '군기반장'을 맡겨 작업을 강행케 했습니다.

반발에도 이유가 있지만 강행에도 이유가 있는 법입니다.

반대하는 참모들은 감당 못할 업무량, 공개에 따른 부담, 사후의 정무적 악용에 대한 우려 등을 들었습니다. 그러나 대통령은 그런 모든 문제를 대범하게 역사의 평가에 맡겨야 하며, 그러기 위해서라도 가급적 모든 기록물은 소상하게 남겨야 한다고 강조한 기억이 납니다.

건국 이래 역대 대통령 기록물을 모두 합친 33만여 건보다 무려 25배가 많은 825만여 건의 참여정부 대통령 기록물은 그렇게 해서 나오게 된 것입니다.

원칙과 대의에서 비롯된 '자업자득'

대통령은 재임 5년 내내 그 바쁜 와중에도 '기록물 마니아', '시스템 마니아'로서 많은 시간과 노력을 할애했습니다. 이지원 시스템도 어찌 보면 정확한 기록을 위한 것이니 기록에 관한 집념은 누구도 따라갈 수 없었

습니다. 참모들은 대단히 힘들었지만 역사를 대하는 대통령의 진지함과 책임감 앞에선 다소곳해질 수밖에 없었습니다.

　살아온 길이 그렇듯 대통령은 사서 고생하는 분입니다. '바보 노무현'이란 애칭도 그래서 나온 것이지만 이번 일도 예외는 아닙니다. 어찌 보면 다른 대통령들처럼 이관 기록은 최소화하고 나머지를 사저로 가져갔다면 생기지 않았을 문제인지도 모릅니다. 더 나아가 주도적으로 대통령 기록물 관리에 관한 법을 만들지 않았으면 더 간단했을 문제인지도 모릅니다.

　쓴웃음이 나는 건, 2006년 국회에서 한나라당이 이 법안에 반대해 국회 통과가 2007년으로 넘어갔고 그로 인해 여러 준비와 논의가 늦어져 지금의 제도적 불비(不備)가 발생한 것인데 그들이 오히려 이를 트집 잡는 코미디 같은 상황이 벌어지고 있다는 사실입니다.

그러니 오늘의 시비 역시 '바보 노무현'의 원칙과 대의에서 비롯된 자업자득인지도 모르겠습니다.

최근 시비는 한국 정치의 퇴행적 행태가 반복되는 사건이란 점에서도 우울한 일입니다. 물러난 대통령을 정적(政敵)으로 보지 않는 한 생길 수 없는 문제입니다.

대통령은 우직하리만치 새 정부에 이관할 이지원 시스템과 기록물 정리에 공을 들였습니다. 인수위 출범 후 냉소적 반응에도 아랑곳하지 않고 도리를 다했습니다. 관심도 없다던 청와대에 이지원을 정성스럽게 다듬어 넘겼더니, 이제 와서 켜지지도 않는다며 말도 안 되는 주장을 언론에 흘렸습니다. 기록물도 마찬가지입니다. 노무현 정부에서 참고할 게 뭐 있느냐는 시큰둥한 반응에도 불구하고 진력을 다해 남겼더니, 역시 되지도 않는 거짓 주장을 언론 플레이로 내세우고 있는 상황입니다. 이쪽은 선물이고 도리라고 한 일을 도리어 조롱하고 일축하던 청와대가, 이제 와서 그것을 무기로 삼아 정치 보복의 수단으로 활용하는 건 딱한 일입니다.

청와대 주장의 오류

지금 청와대가 내세우고 있는 열 가지 주장은 다음과 같은 이유로 말도 안 되는 얘기입니다.

자료를 빼돌렸다

건국 이래 역대 대통령 기록물을 합친 것보다 더 많은 기록을 남긴 대통령이 자료를 빼돌린다는 것은 어불성설입니다. 빼돌릴 것이었으면 애초 그런 고생을 해서 자료를 남기지도 않았겠지요.

원본을 가져가고 사본을 기록원에 넘겼다

국가기록원이 이미 진본을 갖고 있다고 밝혔습니다.

하드디스크를 빼서 봉하로 가져갔다, 봉하에서 현 청와대 시스템을 들여다보려 했다

당시 청와대와 현재 사저 시스템은 제조 회사와 기종이 다르고 호환이 안 돼 이런 일은 불가능합니다. 이 얘기는 포클레인 부품을 가져다 자전거 부품에 쓰려 한다는 주장이나 마찬가지인 무지한 주장입니다.

유령 회사를 동원했다

'유령'이 아니라 실존하는 회사로, 봉하마을 이지원 시스템 유지 보수 담당 업체입니다. 과거 청와대 시스템 관련 사업에도 참여했고, 현 청와대도 시스템 개편 때 이 회사 관계자를 불러 의견을 청취했습니다. 자신과 얘기를 나눈 사람을 유령으로 매도한 셈입니다.

열람은 되지만 소유는 안 된다

소유가 아니라 사본 복사로. 당시 법제처가 사본 복사도 열람의 범주에 포함된
다고 밝혀서 그렇게 한 것입니다. 게다가 열람도 못하게 하면서 소유를 문제 삼
는 건 주객전도입니다. 법이 정한 대로 열람 시스템을 구축해 주면 풀릴 일 아
닙니까. 이건 주소가 바뀐 전 주인이 우편물을 가져가지도, 보지도 못하게 하는
것과 같은 야박한 횡포입니다.

기록원과 협의가 없었다

2007년 8월부터 협의했습니다. 기록원은 열람 시스템 구축의 예산상 어려움을
토로했습니다. 청와대 측과도 협의했고요. 협의 과정에서 청와대 측이 범한 무
례는 차마 공개하기 어려울 정도입니다. 요청한 지가 벌써 몇 달째인데 아무런
성의도 보이지 않다가 느닷없이 언론 플레이로 뒤통수를 치고 있습니다.

온라인 열람은 보안상 문제가 있다, 성남 기록관에 직접 와서 보라

국가원수를 지낸 분에게 보안 문제를 거론한다는 건 국가 정체성 불신이자 나
라 체면의 문제입니다.

정치 활동 재개가 목적이다

오리 농법, 장군차 재배, 하천 생태계 복원 등을 정치 활동으로 보는 나라는 없

습니다. 실제로 정치 활동 계획도 없을뿐더러 설사 계획이 있다 해도 청와대가 무슨 자격으로 법이 보장한 기록물 열람을 차단하면서까지 대통령의 정치 활동과 연계하는지 의문입니다.

없앨 건 없애라고 지시한 동영상이 있다

대통령에게 보고되지 않은 개인적 자료나 초안 수준의 자료 등 가치가 없는 자료를 없애는 것은 당연한 일입니다. 무슨 중대 기밀문서 파기라도 지시한 양 하지 말고 발언 전문을 공개하면 될 것입니다. 더불어 전임 대통령 기록을 청와대가 어떻게 입수했는지도 밝혀야겠지요.

기타 우수마발의 주장

"사이버 상왕 노릇을 한다." "인사 기록을 가져가는 바람에 인사가 실패했다." "1년 전부터 사본 유출을 준비했다."는 등의 주장은 일일이 대꾸할 가치조차 없습니다.

기록물 시비는 악의적인 정치 공격

대통령과 대화하는 사이 사저 밖이 웅성거립니다. 또 나갈 시간입니다. 수백 명이 모여 있습니다. 볕이 뜨거워 방문객들이 고생스러울 것을 염려한 대통령은 짧은 인사말로 그들을 배려하려 합니다. 그러나 질문이 계속 쏟아집니다. 질문 가운데 예민한 내용이 많습니다. 대통령은 말을 아낍니다.

고향에 내려온 몇 달 새, 평화로운 봉하마을 풍경과 달리 정치적 환경은 대통령에게 마음의 평안을 주지 못했을 것입니다. 뭐든지 거꾸로 가려는 정책, 쇠고기 협상 등 책임 덮어씌우기, 검찰의 수사 행태, 최근의 기록물 시비에 이르기까지…. 그러나 대통령은 절제하고 있습니다.

낙향한 대통령에게 국민의 사랑이 쏟아지면서 국내외 수십 개 언론사로부터 인터뷰 및 출연 요청이 밀려 있지만 이조차 모두 고사하고 있습니다. 오해를 피하기 위해서입니다.

그럼에도 대통령을 향한 정치적 무지와 편견은 여전히 존재합니다. 그것을 탓할 생각은 없습니다만 문제는 최근 시비가 국가적으로 대단히 소모적이라는 겁니다.

최근 시비의 본질은 기록물과 시스템에 무지한 청와대의 무례하고 무분별한 정치 공격에 있습니다. 이 문제는 법이 보장한 대로 전직 대통령에게 열람권을 허용하면 풀릴 일입니다. 법이 정한 열람권에 대해서는 아무 언급 없이 허위 사실을 유포하고 불법 운운하는 것은 악의적입니다.

몇 발 물러서, 법적인 문제는 서로의 해석이 다르고 법과 제도상의 미비한 부분이 있어 보완이 필요하다고 칩시다. 이는 나중에라도 얼마든지

따질 수 있고 다듬을 수 있는데, 정작 문제의 본질인 열람권에 대해선 단 한 마디의 언급도 없이 거짓 사실을 유포하는 건 국가 중추 기관에서 할 일이 아닙니다. 사과가 필요합니다.

지금까지 보여 준 청와대의 행태에선 문제 해결 의지 없이 정치적으로 악용하겠다는 불순한 의도만 비칩니다. 흠집 내기에만 몰두하는 사람들처럼 보입니다. 대한민국 청와대가 그리 할 일이 없다면 국민에게 불행한 일입니다.

전직 대통령의 길, 현직 대통령의 길

우리 사회 불행 중 하나는 전직 대통령 문화가 없다는 점입니다. 국가적으로 큰 일이 있을 때 전직 대통령들이 한 모습으로 나서서 단합된 모습을 보이는 미국을 보면서 대통령도 부러워했던 기억이 납니다.

고향에 내려가 농사짓고 소박하게 사는 전직 대통령에게 수많은 국민이 박수를 보내고 방문객들이 끊이지 않는 것은 정파의 문제, 정치 세력 간의 유불리로 해석할 일이 아닙니다. 그가 누구든 한국 정치사에 새로운 전례를 만들어 가고 있는 과정에 의미를 부여해야 할 일입니다.

노 대통령인들 정치적으로 이루지 못한 일에 대한 회한과 미련이 없을까요. 그런데도 훌훌 털어버리고 고향에 내려가 이제 살기 좋은 농촌을 만들어 가는 데 진력하는 전임자에게 청와대가 박수를 보내지는 못할망정 이런 식의 정치적 시비를 걸어서는 곤란합니다. 협량한 처사입니다. 무엇에 위협을 느끼는지 알 수 없어도 말입니다.

봉하마을을 떠나면서 대통령에게 인사조차 드리지 못하고 서울로 향합니다. 불볕더위에 찾아온 여러 사람들을 성심으로 대하느라 분주하게 오가는 분의 시간을 조금이라도 빼앗고 싶지 않았습니다.

현직에 있을 때에도 모든 걸 훌훌 털어버리고 싶어 했던 분. 그분에게 지금 벌어지는 일들은, 아무 말씀 안 해도 '역사 앞에 길게 보면 얼마나 구차하고 민망한 일'로 느껴질까요. 그러나 대통령은 늘 털고 싶어 하면서도, 기실 어떤 사소한 책무라도 회피한 적이 없습니다. 지금의 상황도 그럴 것입니다.

한국 사회에서 전직 대통령으로 산다는 것, 그것이 멍에인지 명예인지 잘 모르겠습니다. 어떤 분은 멍에를 명예로 착각하는 듯도 합니다. 그러나 대통령은 명예조차 멍에로 담담히 받아들이고 자신을 역사 앞에 맡긴 채 우공이산의 길을 묵묵히 가려 하고 있습니다.

제발 그의 길을 소리(小利)와 소탐(小貪)으로 막는 일이 없었으면 좋겠습니다. 서울로 오는 길, 또 다시 퍼붓는 폭우에 제 마음을 씻으며 소망해 봅니다.

결국은 '사람'입니다

방문객 인사 (2008. 8. 3.)

사람 생각이 바뀌는 것은 사회 현실이 바뀌는 거보다 훨씬 더 오래 걸립니다. 그래서 휴가에 관한 한 우리는 우리보다 훨씬 못 사는 사람보다 훨씬 더 인색하고 세계에서 일을 제일 많이 하는 국민들입니다. 제가 무슨 답을 드린 것은 아니고요, 생각할 수 있는 얘깃거리지요?

저도 이번에 강원도에 휴가를 갔는데, 가서 편안하게 놀고 오면 되는데 휴가 일정을 전부 견학 일정으로 잡았어요. 도시민들과 교류하면서 농촌의 소득을 올려갈 수 있는 방법, 그렇게 되려면 농촌은 여가 서비스라든지 자연환경이나 생태환경에 대한 서비스를 도시민들에게 제공하고 도시민들은 거기 와서 돈을 좀 쓰고 가고. 그러면 서로 좋아지는 거 아닙니까, 그죠? 그런 것을 하고 있는 농촌들이 많이 있거든요. 그래서 그런 농촌이 앞으로 우리 농촌이 살아갈 수 있는 활로가 아닌가 싶어서, 뭐 모든 농촌이 그럴 수는 없지만 강원도에서 잘하고 있는 곳 여러 곳을 견학을 하고 왔습니다.

그 강원도 아주 깊은 골짜기 불편한 곳에서도 새로운 아이디어들을 가지고 손님들을 상당히 잘 끌어모으는 곳이 있더라고요. 이번에 가서 느낀 것이 시간이 예전보다 절반 정도인 것 같아요. 제가 부산서 평창으로 갔다가 평창서 정선으로 둘러 왔는데, 걸리는 시간이 옛날에 가 본 때하고 비교했을 때 절반도 안 걸려요.

강원도도 이제 도시하고 매우 가까워진 것이죠. 그러다 보니 사람들이 여러 가지 프로그램을 만들어 가지고 아주 열심히 노력하고 있었어요.

　한 마을에 갔는데, 주로 농촌 관광 프로그램을 만들어서 하는 곳인데 호밀 있죠, 호밀? 우리 어릴 때 대국밀이라고 했는데, 호밀을 심어 놓고 비탈에서 풀 썰매를 탄단 말이죠. 겨울이 되면 거기에 눈이 쌓이니까 눈썰매 타고. 생각해 보면 아무 아이디어도 아니죠? 아무 데서나 할 수 있는 것인데, 주변에 생태 환경도 좀 가꾸고 60, 70 된 동민들이 꽃 이름 풀이름 이런 거라든지 환경에 대해서 공부를 많이 하고요. 스코틀랜드 민속춤을 배워 가지고 추는데 사실은 좀 뒤뚱뒤뚱 추었어요. 근데 그게 어쩐지 제가 지난번에 영국 가서 본 스코틀랜드 진짜 민속춤보다 훨씬 다정하고 재미있게 느껴지는 거 있죠? 할아버지, 할머니 들이 뒤뚱뒤뚱 추는데도 재미있고 좋더라고요.

　어느 마을에나 보면 아주 열심히 하는 지도자들이 있습니다. 그렇게 되는 마을과 그렇게 안 되는 마을의 차이는 환경의 차이도 있겠지만, 제가 본 것으로는 환경은 훨씬 좋아도 안 되는 곳이 있고 환경이 훨씬 나빠도 되는 곳이 있는데, 되는 곳엔 사람이 있어요. 열심히 앞장서서 외부와 교류하면서 끊임없이 새로운 지식을 받아들이는 사람이 있었고, 그리고 그 사람이 혼자서 하는 것이 아니고 설득했거나 대화를 통해서 마을 사람들이 전부 동참하게 만들어 간 거더라고요, 결국.

그런데 저도 방문을 했으니까 선물을 하나 주고 와야 되잖아요? 홍보 포스터 하나라도 만들어 주고 와야 되는데 줄 게 있어야죠. 그래서 풀 썰매를 탔습니다.(사람들 웃음) 우리 마을에는 전직 대통령이 와서 풀 썰매 탔다, 이러면 오는 사람이 좀 늘지 않겠느냐 싶어 풀 썰매를 제가 탔는데 재미가 좋아요, 사실은. 아무도 안 보면 자꾸 하고 싶던데(사람들 웃음) 사람들이 보고 있으니까 자꾸 할 수가 없어요. 땅이 아주 부드럽고 순한 곳이어서 옆으로 굴러도 안 다치는 곳인데 옆에서 사람들 보기에는 조마조마하고 그러니까, 또 타고 싶어도 자꾸 할 수가 없더라고요.(웃음)

어떻든 사람입니다. 우리가 지금 여건이 어렵습니다. 전체적으로 쉬운 여건이 아니고 여러 가지로 환경이 안 좋습니다. 98년이 아주 나빴죠? (“예.”) 근데 경제가 나빠지면 가난한 사람들이 제일 먼저 병이 들고 더 밑으로 떨어집니다. 2003년도에도 환경이 아주 나빴죠. 그랬습니다. 제가 막 정권을 인수했을 때, 인수하는 그 순간부터 신용불량자가 쭉 늘어나고 있는데 아무리 노력해도 당장 잡을 방법이 없더라고요. 공무원들이 대책이라고 써 왔는데 그 대책을 들여다보면 몇백 명 구제하는 수준이고. 처음엔 그랬습니다. 그 뒤 2003년 꼬박 걸리고 2004년 봄에 이제, 피크가 된 때로부터 내리막을 걷기 시작했습니다.

당시에는 국내 시장 요인 때문에 그랬고 지금은 해외 요인 때문에 경제가 매우 어렵죠. 그 해외 요인을 우리가 이제 경제 운용 과정에서 최대한 차단시켜 줘야 되는데, 2003년에는 다행히 환율 환경이 유리해서 물가가 올라가지 않게 그렇게 갔고요. 지금은 환율 요인까지 엎친 데 덮친 격으로 나빠졌어요. 왜 그랬냐 하는 데 대해선 여야 간에 옥신각신 싸워왔죠? 정부가 잘못해서 그렇다. 참여정부가 잘못해서 그렇다. 뭐 이렇게 옥신각신하는데 아무튼 어렵습니다.

그러나 돌이켜 생각해 보면 어려운 때치고 또 우리가 극복하지 못한 어려움도 없지 않습니까, 그죠? ("예.") 극복하지 못한 어려움도 없기 때문에 결국은 아무리 어렵더라도 극복할 수 있습니다. 시장이 중요하다 하지만 결국 사람이 하는 일입니다. 그래서 각자들 열심히 해야 하고 또 우리 사회를 책임지고 운영하는 사람들이 열심히 해야 하고. 결국 사람이 하는 일이기 때문에 우리는 앞으로도 극복해 낼 수 있을 거다 이렇게 생각합니다. 그래서 사람이 중요합니다.

5년 만의 여름휴가

윤태영 • 청와대 전 대변인

7월 21일 오후 평창군 도암면 병내리, 한국자생식물원 입구.

일행과 함께 스타렉스 승합차에서 내린 대통령은 어쩌면 하차 지점 바로 위에 높이 걸린 큼지막한 환영 현수막을 미처 발견하지 못했을 수도 있습니다. 식물원의 전경이나 주변의 풍광을 둘러볼 여유는 더더욱 없었을 것입니다. 대통령의 출현을 학수고대하던 적지 않은 숫자의 관람객들 때문입니다.

식물원장을 비롯한 관계자들과의 수인사가 끝나자마자 대통령은 서둘러 관람객들과 악수를 나누기 시작합니다. "와" 하는 함성과 함께 즐거운 소란이 시작됩니다. 와글와글, 수군수군. 왁자지껄. 명랑 경쾌한 소리의 울림을 타고 해맑은 웃음들이 넘실댑니다. 관람을 마쳐 이제 식물원을 떠나야 할 사람들을 위해 대통령은 기꺼이 사진 모델이 되어 줍니다. 태풍 갈매기의 뒤끝인지 가랑비가 추적추적 어깨를 적십니다. 빗방울이 떨어진 곳으로부터 강원도의 흙냄새가 잔잔히 퍼져 갑니다. 그 속에서 또 하나의 익숙한 냄새가 느껴집니다. '사람사는 세상'을 살아가는 정겨운 사람들의 내음입니다. 전직 대통령으로서의 첫 여름휴가는 이렇게 흙냄새, 사람 냄새로 시작되고 있었습니다.

휴가 때조차 일을 놓지 않던 대통령

재임 시절 대통령은 유난히도 여름휴가와 인연이 없었습니다. 심각한 사안들은 마치 기다리고 있기나 했던 것처럼 휴가철만 되면 어김없이 찾아오곤 했습니다. 3년 전 여름, 모처럼 대통령이 이곳 강원도 평창을 찾았을 때에는 때 아닌 국정원 도청 사건이 편안한 휴식을 방해하며 심술을 부렸습니다. 사실 저 산간벽지 외딴 마을의 작은 사건도, 지구 반대편 나라의 갑작스런 정변도, 따지고 보면 대한민국 대통령의 직무와 연결되지 않는 것이 없는 만큼 대통령의 휴가가 편안하기만을 바란다는 것 자체가 연목구어일 수도 있습니다. 그래도 대통령의 건강한 재충전을 위해서 휴가 때만큼은 심각한 일들이 일어나지 않기를 참모들은 바랐지만 그 기대는 번번이 빗나가기 일쑤였습니다.

결코 한갓질 수 없었던 대통령의 휴가. 거기에는 대통령이라는 자리 자체가 그런 것도 있지만, 한 가지 더 결정적인 원인이 있었습니다. 바로 대통령 자신입니다. 언제 어디에 가서든 국정과 일에 대한 긴장의 고삐를 놓치지 않으려 했던 대통령 특유의 집념 때문입니다.

여장을 푼 용평의 숙소에서 만난 이곳의 군수에게 대통령은 오랜 관심사를 꺼냅니다. 2년 전 강원도가 겪은 엄청난 수해와 복구 지원 문제로 시작된 대화. 그 끝에서 대통령은 "집이 떠내려간 사람은 무조건 국가가 집을 지어 줘야 한다."며 "국가가 최고의 보험 역할을 해야 한다."고 힘주어 강조합니다. 임기 내내 이런 일이 있을 때마다, 아니 일이 없는 평소에도 국무회의 석상이나 참모회의에서 일관되게 주장하고 제안했던 사안입니다. "5년 내내 염불을 외었는데 제도가 잘 안 바뀌더군요." 끝내 제도화되지 못한 데 대한 아쉬움의 표현입니다. 할 수만 있다면 지금이라도 담당자들이 나서서 고민해 주기를 바라는 희망의 표현이기도 합니다. '회고'나 '관조'가 미덕일 수도 있는 '전직'의 신분이지만 대통령의 관심은 바람직한 정책과 대안의 모색에 더욱더 집중되고 있는 듯합니다. 사과 주스 한 잔을 놓고 오가는 대화가 길어지면서 화제는 '지방공무원의 역할'에서 '사회적 일자리'로, 다시 '국토 가꾸기'로 넘어갑니다. 대통령의 탄식이 이어집니다.

"시골에 가 있어 보니 정말 절실합니다. 기찻길 옆 풀을 베어 내니 기차에서 버린 기저귀들이 얼마나 수북이 쌓여 있는지…."

이번엔 '농촌 마을 가꾸기' 탐방

농촌 마을 가꾸기.

이번 여름휴가의 주제입니다. 지난 5개월 동안 봉하마을 생활에서 보고 느낀 경험을 토대로 대통령은 다시 새로운 도전을 준비하고 있는 듯합니다. 대통령 자신이 마을에 안착하는 단계를 넘어 이제 적극적으로 마을의 경쟁력을 키우며 미래를 준비하는 것입니다. 어쩌면 이번 휴가도 앞선 경쟁력을 갖춘 농촌의 노하우를 배우려는 벤치마킹의 일환인 셈입니다. 휴가지로 강원도를 선택했다고 들었을 때 이번에는 외부와 차단된 온전한 휴식을 취할 것으로 예단했던 저의 추측은 그야말로 100퍼센트 빗나간 오판이 되고 말았습니다.

농촌과 자연은 이미 오래 전부터 대통령의 이야기 속에서 빠지지 않는 한 대목이었습니다. 대통령이 되기 이전부터, 또 재임 시절에도 대통령은 기회가 있을 때마다 고향의 풍광과 그곳에서 살던 어머니를 비롯한 가족을 회상하곤 했습니다. 때로는 투박한 사투리에 조금은 낯선 토속적인 속담을 섞어 가며 봉하 이야기를 풀어 놓을 때면 도시에서 자란 저 같은 참모들조차 왠지 모르게 농촌에 대한 향수 같은 것을 느낄 수 있었습니다. 청와대 경내를 산책할 때에도 대통령은 나무 한 그루 풀 한 포기를 예사로 지나치는 법이 없었습니다. 때로는 그 이름을 하나하나 기억하며

되뇌곤 했습니다. 어쩌면 자연에 대한 그렇게 남다른 애정과 관심이 결국은 '사람사는 세상'에 대한 열정과 갈망의 큰 원동력이 된 것이 아니었을까요?

"여보, 도라지꽃의 꽃말이 '영원한 사랑'이에요."

자생식물원의 이곳저곳을 둘러보던 중 대통령이 앞서 가는 권양숙 여사에게 사뭇 진지한 어조로 말을 건넵니다. 선뜻 대답을 하지 않던 권 여사는 빙그레 웃고 맙니다. 여러 사람들 앞이라 대답이 쉽지 않았겠지요. 멋쩍어진 대통령도 따라 웃습니다. 각양각색의 식물들이 군데군데 자리 잡고 있다가 대통령의 발목을 잡습니다. 은은한 파스텔 빛을 발산하며 흐드러지게 피어난 산수국의 향연은 대통령의 탄성을 자아낼 만큼 아름다웠습니다.

벌개미취, 노루오줌, 황기, 삼지구엽초. 저에게는 그냥 이름 모를 식물일 수밖에 없는 존재들이 대통령 앞에서는 그 이름이 하나씩 불리면서 단순한 '하나의 몸짓'에서 '꽃'으로, 또 '약초'로 완성됩니다. 해박한 지식도 지식이지만 그 하나하나를 소중히 기억하는 배려가 남다릅니다. 마라톤을 100회 이상 완주한 사람들의 이름을 새겨 넣은 기념탑 앞에서 식물원장이 '노간주나무'로 기념식수를 청하자 나무의 특징을 잘 아는 대통령이 살짝 걱정을 합니다.

"이거, 지독하게 안 크는 나무인데⋯."

그 의미를 이해한다는 듯이 식물원장이 웃으며 답합니다.

"그렇습니다. 하지만 아주 오래 사는 나무입니다. 그래서 선택했습니다."

풀 썰매를 타다 꽈당

농촌과 자연을 알기에 그만큼 두려움도 주저함도 없습니다. 곤드레나물이 유명한 산채으뜸마을에서는 이장님의 권유로 오얏나무 열매를 따서 서슴없이 깨물어 봅니다. "꼭 자두 같은데⋯." 대통령의 시식 평은 정확했습니다. 나중에 검색을 해 보니 '오얏나무'가 바로 '자두나무'더군요.

바람마을 의야지에서 대통령은 명장면을 연출했습니다. 풀 썰매 사건

입니다. 아무도 예기치 못한 일이었습니다. 모두들 깜짝 놀란 만큼 한바탕 큰 웃음이 벌판을 가득 메웠습니다. 누가 권한 것도 아닌데, 대통령은 마을 사람들과 단체 사진 촬영이 끝나자마자 안내를 따라 언덕을 오르면서 미리 풀 썰매 하나를 움켜쥐었던 것입니다. 정말 타 보고 싶은 마음이 빚어낸 우발적 사건이었을까요? 아니면 열심히 미래에 도전하는 마을 주민들에게 힘을 실어 주고자 자기 한 몸 던진 고의적 사건이었을까요?

아무튼 대통령의 시도는 마지막 순간에 한 바퀴 굴러 넘어지는 것으로 의도하지 않았던 작품이 되었습니다. 옷을 추스른 대통령이 쑥스러운 웃음을 지으며 말합니다. "요령이 생기면 끝까지 갈 수 있을 것 같은데…" 어쩌면 대통령은 더 멀리 가기 위해 노력하는 이 마을 사람들의 열정에 깊이 매료되었는지도 모릅니다.

일주일의 휴가가 중반을 넘어설 무렵의 어느 오찬 자리. 대통령은 사람들과의 대화에서 농촌 마을을 둘러본 소감을 이렇게 중간 정리했습니다.

"세상을 변화시키는 것은 역시 사람입니다."

소탈한 전직 대통령과 이웃 같은 사람들

"엄마, 엄마! 대통령 왔다."(바람마을 의야지의 어느 어린이)
"아니, 어디 이런 델 다 오셨어?"(산채으뜸마을 전통 가옥의 주인 할머니)
"어라, 노무현 대통령 아니신가?"(정선, 만찬장 가는 대통령과 우연히 마주친 중년 남성)
"와, 진짜 노무현 대통령이네."(그 만찬장 앞에서 기다리던 아가씨들)
대통령에게 자연보다 더 소중한 존재는 바로 그 속에 사는 사람들입니다. 사람들은 휴가 중인 대통령과 마주치자 각양각색의 표현으로 반가움을 전했습니다. 일정이 예정된 곳이나 갑작스레 찾아간 길거리에서나 대통령을 반가워하는 반응은 한결같았습니다. 휴대폰 카메라를 높이 드는 사람, 대통령이 왔다는 소식을 친구에게 전하러 뛰어가는 사람, 사인 받을 종이와 펜을 찾으러 집으로 들어가는 사람. 어떤 작은 마을에서는 주민이 모두 나와 대통령을 맞았습니다. 무더운 뙤약볕이 내리쬐는 강릉 선교장에서도, 굵은 빗줄기가 하염없이 떨어지는 영월의 청령포에서도, 사람들은 퇴임한 대통령의 친구 같은 출현에 환호와 박수를 보냈습니다. 스스럼없이 대중 앞에 설 수 있는 대통령의 소탈한 당당함, 그리고 이제

는 전직 대통령을 거리낌 없이 이웃처럼 대할 수 있는 사람들의 여유가
빚어낸 아름다운 장면들입니다.

대통령은 사람들의 무리를 우회하는 일도 없고 내미는 손길을 거절하
는 법도 모릅니다. 그럴수록 경호팀의 긴장은 두 배 이상 늘어나기 마련
입니다. 때로는 지나치다 싶어 비서들이 만류하기도 하지만 오히려 대통
령에게 설득당하고 맙니다. 특히나 어린이들에게는 더욱 애정과 관심을
가지고 작은 격려를 아끼지 않습니다.

"구경 잘했어?"(자생식물원에서 어린이 관람객에게)

"그래, 이리 와서 손 한번 잡아 봐라."(청령포에서 대통령 앞에서 수줍어하는 어린이에게)

"나중에 이 사진 보면서 나보고 아빠라고 하지 마라. 하하."(자생식물원 관람 도중 엄마와 두 아이들만 온 가족과 사진을 찍으며)

10년 뒤에 봐도 기분 좋은 사진이 되도록

정선에서는 저녁 식사를 마치고 음식점을 나오자 많은 사람들이 대통령을 기다리고 있었습니다. 다시 한 번 대통령은 기꺼이 사진 모델이 됩니다. 사진이란 찍고 또 찍어도 아쉬움이 남는 법. 그리고 "대통령님, 한 장만 더요." 하는 청을 끝내 거절하지 못하는 대통령. 이번 휴가 중에는 대통령이 먼저 나서서 사진을 더 찍자고 했던 경우도 있었습니다. 바람마을 의야지에서 내외분이 마을 주민 전체와 단체 사진을 찍고 난 후 대통령은 졸업 사진 같은 구도가 못내 마음에 들지 않아 미안했나 봅니다. "이러면 나중에 사진을 볼 때 제대로 얼굴을 알아볼 수 없으니까 부녀회, 청년회 등 대여섯 그룹으로 나누어 다시 찍자."고 제안을 했습니다.

문득 3년 전 5월, 청와대 직원들의 부모를 청와대 녹지원에 초청해 위로 행사를 할 당시 대통령의 말이 떠올랐습니다.

"저와 사진을 찍으면 뒤에 그 사진을 보면서 기분이 좋으셔야 할 텐데 걱정입니다. 10년 뒤에 봐도 기분 좋은 사진이 될 수 있도록 제가 열심히 잘하겠습니다."

대통령의 그 다짐은 과연 이루어지고 있는 것일까요? 홈페이지 '봉하 사진관'이 날마다 보여 주는 '사람사는 세상'의 모습에서 그 답을 찾을 수 있을 것 같습니다.

노짱의 편지

세금 깎으면 경제성장? 새빨간 거짓말입니다

방문객 인사 (2008. 10. 18.)

민주주의가 이만큼 오고 한국이 이만큼 선진국이 됐으면 이제 이대로 살면 되지 않느냐, 그만 이대로 살자. 그런데 전혀 그렇지 않다는 것이죠.

지금도 민주주의 역사가 한 300년밖에 안 되는데 인간이 기록한 역사를 한 5000년 정도로 잡아 보면 나머지 4700년, 이렇게 토막을 칠 수 없지만 아무튼 그냥 뚝 잘라서 4700년이라 치고 이 역사가 뭐냐? 4700년의 역사가 가지고 있는 의미가 뭐냐 이거죠.

발전했어요? 역사의 진보? 진보해 봤자 기술이 진보했죠. 생산력이 진보한 것은 맞습니다. 생산력이 진보했고, 사람의 목숨을 연장시키는 기술도 진보했고, 큰 비행기를 만들어 가지고 사람 죽이는 기술도 사람 살리는 기술만큼 진보했죠. 이것이 모두냐? 이것이 4700년 역사의 결과냐?

사실 4700년이라는 역사는 인간이 인간을 지배하는 기술이 더 발전해서 권력이 사람을 지배하는 체제가 더욱 더 공고해져 온 역사입니다. 무리한 말인 것 같습니까? 안 그런 것 같아요? 사람이 사람을 정복하고 지배하는 기술이 갈수록 정교하게 발전해 왔던, 힘센 사람, 잘난 사람이 못난 사람을 상놈이라고 취급해서 따로 구매하거나 심지어는 노예로 거느리면서 지배해 왔던 그 지배 질서의 역사입니다. 지배 질서를 발전시켜 온 역사 4700년. 여기에 반기를 든 것이 민주주의 300년의 역사입니다.

이 역사 해석에 대해서 어떻게 생각하세요, 여러분. 제 말이 틀린가요? ("맞습니다.") 우리가 민주주의를 그렇게 생각해야 합니다. 지금 그런 관점에서 세계를 바라보기 시작하면 세상에는 아직도 바꾸어야 될 일이 너무나 많고 해결해야 될 일이 너무나 많습니다. 뭘 해결해야 되냐?

미국 사람처럼 먹고 쓰고 사고 치고 하면은, 만일에 중국 사람이 미국 사람처럼 많이 먹고 많이 쓰고 사고를 많이 친다고 생각하면 지구는 그다음 날 망해 버립니다. 다행히 아직은 미국만 사고를 치기 때문에 망하지 않는 겁니다.

이번 금융 위기도 그렇죠. 1929년에 미국발 경제 공황이 세계 대공황으로 번졌지 않습니까? 그 공황이라는 것이 미국식 자본주의에서 발생한 것이거든요. 홍역을 치르고 그 시기를 극복해 냈는데 다행히 그때는 미국에 루스벨트라고 하는 아주 진보적이면서 탁월한 지도자가 나타나서, 물론 그 사람 아니라도 그 시기에 그런 사람이 나오게 돼 있는지 모르겠습니다만, 소위 진보의 시대를 만들었습니다. 1970년대까지. 대공황의 원인이 됐던 사회적 구조들을 전부 개선하고 공황 이전의 시대에 있었던 경제의 부조리와 비인간적인 현실들을 나름 고쳐 나갔습니다.

그런데 1980년에 레이건 대통령이 당선되고 난 이후에 과거의 모든 사회제도들을 하나씩 하나씩, 그렇게 많지도 않았습니다만, 그걸 파괴시켜서 공황 이전 상태로 지금 돌아가 있거든요. 완전히는 아니지만 얼추 돌아갔다고 생각하는 것이죠. 그 결과가 오늘 미국의 빈부 격차와 지금의 경제 공황입니다.

대공황으로 갈 거라고 말하는 사람이 있고 안 갈 거라고 말하는 사람이 있는데, 어쨌든 인류는 저 공황을 극복하게 돼 있습니다. 극복하게 돼 있지만 어떻든 그 가운데 엄청나게 많은 사람들이 고통을 겪어야 됩니다. 대부분 고통받는 사람들은 돈 없고 빽 없고 힘없는 사람들이 될 겁니다. 확실합니다. 공황 때는 부자들이 고생하는 게 아니고 돈 없고 빽 없고 힘없는 사람들이 고생합니다. 부자들도 고생은 하겠지만 그건 새 발의 피다. 미국의 역사가 지금 그렇게 굴러가고 있는데, 만일에 중국이 이런 사고를 앞으로 계속 친다고 생각해 보세요. 중국이 미국만큼 먹고 쓰고 버리고 그리고 한 번씩 경제적으로 사고를 치고 하면, 인도가 만일에 그런 사고를 치면 세계가 어떻게 될까? 인도가 미국만큼 부자가 돼 가지고 지금 같은 사고를 치면 세계가 어떻게 될까?

우리가 300년 민주주의 하면서 인간이 지혜롭게 해결해야 될 만한 문제는 얼추 다 해결한 것처럼 말하는 사람이 많은데 전혀 그렇지 않다는 것이죠. 우리가 해결해야 될 문제가 너무 많다는 것이죠. 뭘 해결해야 하느냐? 기본적으로 함께 사는 것입니다. 함께 사는 방법을 찾아내는 것입니다. 누구누구만 너무 잘 사는 방법이 아니고 함께 잘 사는 방법을 찾아내는 것입니다.

정부가 함께 사는 방법을 해야 된다. 함께 사는 방법을 개발해서 그것을 제도로 만들고 그 제도를 시행해서 국민들이 함께 살아가도록 해야 된다. 이렇게 말하는 정당들이 있고 정치인들이 있고 학자들이 있습니다. 반면에 정부는 손 떼라, 특히 경제에서 손 떼라. 그 손 떼라는 건 보통 경제만입니다. 시장에서 손 떼라는 것이고 그 외에는 손 떼라고 하지 않습니다. 어느 보수주의자든 정부는 확실하게 나라를 지켜라 요구하죠. 강력하게 요구하고 필요 이상으로 자꾸 그걸 강조합니다. 확실하게 도둑놈 잡아라, 질서 지켜라 하죠? 깡패 잡아라, 확실하게 질서 잡고 심지어는 동성연애도 못하게 해라, 이런 것까지….

그런데 시장에서 손 떼라는 건 뭘 얘기냐면 독점을 해도 내버려 두라는 얘깁니다. 지금 어느 부자가 나타나서 한국의 쌀을 몽땅 다 사 가지고 반만 바닷물에 처넣어 버리면 그다음날 쌀값이 세 배 네 배 될 수 있거든요. 아니 다섯 배까지 오를 수 있습니다. 그러면 엄청나게 남는 장사죠. 그렇지 않습니까? 사 가지고 절반을 버렸지만 다섯 배 올랐으니까 딱 남는 장사가 됩니다. 이게 시장에서는 가능한 일인데 아무도 그렇게 하는 사람은 없죠.

그런데 그런 유사한 일들이 일어나고 있는 것이죠. 지금 기름값 오른 건, 기름을 확 사재거든요. 사재면 기름값이 올라가요. 실제로 기름의 수요가 올라가도 기름값이 올라가지만 이번에 있었던 기름 파동은 돈 있는 사람이 돈 벌기 위해서 기름을 가지고 노름을 했기 때문에 그런 것이거든요. 노름한다고 기름을 막 사니까 기름 쓸 사람이 비싸게 주고 사 와야죠. 말하자면 독점하고 투기하고 그다음에 불공정 거래하고. 옛날에 우리 마을에도 논 많은 사람들이 한 다섯 명 누구네 사랑방에 모여 가지고 "올해는 모품을 5000원 이상 안 주도록 해라." 딱 정해 가지고 해 버리면 논이 없거나 논이 적어서 모내기 철에 모품 팔아서 한몫 보는 사람들이 그대로 당하는 거죠.

이런 것들은 어느 정도만이라면 괜찮은데 시장에서 강자들은 공정한 경쟁이 아니라 엄청난 횡포를 부리려고 합니다. 별의별 금융 상품들을 개발해 가지고 경제를 교란시켜 놓고 있지요. 그런데 그렇게 말하던 사람들이 사고 쳐 놓고 부도내 놓고는 정부더러 돈 달라 이럽니다. 정부더러 공적 자금 달라고 그러죠. 미국에서도 월가에 있는 사람들이 입만 열면 "정부가 나서라." 이게 무슨 법입니까?

화가 나니까 국민들이 하는 말이 "내버려 둬라. 그놈들 망하게." 그런데 나서는 게 맞습니다. 왜냐하면 금융 시스템이라는 것은 한번 깨져 놓으면 걷잡을 수 없게 되기 때문에, 그 뒤에는 누구도 이걸 수습할 수 없기 때문에 정부가 나서는 게 맞습니다. 그런데 중요한 거는 이런 사고가 나지 않게 정부가 사전에 규제할 수 있어야 되는 거거든요. 이 사고가 나지 않도록 시장을 규제해서 공정한 질서 속에서 자유롭고 공정한 경쟁 속에서 가격 형성이 되고 이 가격의 수요 공급 조절, 가격의 기능에 의해서 수요 공급이 조절되어 나가도록 시장을 유지 운영해 줘야 되는 것이거든요. 누가 왕창 독재하는 걸 못하게 해야 시장의 기능이 제대로 작동하게 되어 있는 것이죠. 그런데 이 규제를 하지 말라고 합니다. 왜? 부자들이 불편하니까. 노름꾼들이 불편하니까.

우리 국민들은 작은 정부 얘기만 나오면 좋아라 해요. 방송에 보도하는 기자들, 앵커들 표정 보면 공무원 자른다는 소리만 나오면 아주 신바람이 나서 막 전달하고 하는데, 공무원이 너무 적으면 국민들한테 서비스를 할 수가 없죠. 미국은 인구 1000명당 75명의 공무원을 가지고 있습니다. 독일은 54명의 공무원을 가지고 있고 일본은 32명 가지고 있고 우리는 28명 갖고 있습니다. 한국에 공무원이 드글드글한 것 같지만 사실은 공무원 숫자가 아주 적습니다. 내가 아는 통계가 나오는 국가 중에 제일 작은 나라죠.

　그런데도 국민들이 작은 정부를 좋아합니다. 그러니까 정당들이 전부 다 작은 정부 하자고 그래요. 작은 정부 하자고 하면 부자들 좋아하는 정당이고, 큰 정부 하자고 하면 서민들 좋아하는 정당인데. 우리나라에서는 서민들까지도 큰 정부를 싫어하고 작은 정부를 좋아하니까 야당까지도 작은 정부 하겠다고 하거든요.

　공개적으로 큰 정부를 내걸었던 정치인, 유일한 정치인이 노무현입니다. 정부가 클 만큼 커야 한다, 할 일은 하는 정부. 이렇게 얘기했거든요. 그런데 그 말을 했다고 제가 얼마나 박살이 났습니까? 막판에 국정 파탄까지 안 갔습니까? 그죠? 제가, 국정 파탄 날 때 성장 5퍼센트 했습니다. 성적이 좋지는 않았죠. 좋지는 않았는데 아무튼 4퍼센트 성장, 5퍼센트 성장한다고 경제 파탄이다 국정 파탄이다 그랬습니다. 온 국민이 거기에 동의해 가지고 뭐라더라, 뭐? "민주주의가 밥 먹여 주냐?" 또는 "부패는 참아도 무능은 못 참는다." 요새 내가 하고 싶은 얘기는 "잘해 보시오, 잘들 해 보시오."

　그런데 그래도 꼭 내가 해야 하는 얘기는 그런 것입니다. 작은 정부 좋아하지
마라. 정말 거듭 거듭 얘기하고 싶은데 우리나라 공무원 많지 않습니다. 공무원
들이 제발 일 좀 더 해 줘야 되고 세금 좀 더 걷어야 되고요. 제가 말씀드리는데
세금 더 걷으면 우리나라 국민의 80퍼센트는 무조건 이익 봅니다. 대차대조표 갖
다 따지면 무조건 이익을 보게 돼 있는데, 세금 올린다 하면 서민들이 먼저 인상
쓰고 신경질 내니까 세금 말도 못 꺼내 보는 겁니다. 저도 가슴 아프죠. 5년 동안
세금 말을 해 보고 싶은데 어차피 받아 줄 국회도 없으니 나 혼자 되지도 않을 일
가지고 욕만 얻어먹을 일은 없지 않습니까?

　그래서 세금 올리자 말은 못 하고 세금이 좀 더 필요하다는 말 했다가 세금 폭
탄 정부로 또 박살나고 그랬습니다. 제발 딴 것 보지 마십시오. 그놈이 착한 놈이
고 예쁜 놈이고 얼굴 잘생기고 다 필요 없고 정책이 중요합니다. 정책, 정책, 정
책입니다. 세금 올릴라 하거든 무조건 밀어 주십시오. 제발 우리 한국에 세금 올
리겠다는 정당 하나 나오면 좋겠어요. 민주노동당, 이 사람들도 겁이 나 가지고
세금 올리자는 말은 못하고요. 야당이니까 그렇겠죠. 하긴 그래요. 세계적으로
세금 올린 정부는 다 망했답니다. 세금 올린 정부는 다 깨졌답니다. 그래도 그런
정당 지지해야 합니다. 무조건 밀어 주십시오.

오늘 너무 긴 얘기를 했습니다만 제발 국민들이 자기 밥그릇 좀 생각하라, 자기 밥그릇 자기 호주머니 생각할 줄 알고 좀 멀리 내다보고 우리 아이들의 미래가 불안하지 않게 미리 대비 좀 하자. 절대 속지 말라고 당부드리는 것은 두 가집니다. '세금 깎으면 경제성장 한다?' 이거 우리 한국 경제에는 절대 안 맞습니다. 이건 새빨간 거짓말이고요. '경제성장 하면 일자리가 늘어난다?' 이것도 새빨간 거짓말입니다. 전혀 그렇지 않습니다.

정치 못 믿겠거든 이것만 이해하세요. 별로 어렵지 않죠, 그죠? 별로 어렵지 않는데 왜 빨리 이게 안 깨우쳐지냐 하면 지역 구도 때문입니다. 이것 알거나 모르거나 아무 관계없이 투표할 때는 지역 보고 가서 찍어 버리면 끝나기 때문에 알아 봤자 소용없는 거죠.

그래도 어떻든 저는 희망을 가지고 오시는 손님들한테 이 얘기를 계속 반복합니다. 여기 오시는 분들은 대개 이 얘기를 안 들어도 되는 분들인데, 혹시 친구들하고 말싸움 붙어 갖고 궁하면 이거라도 써먹으라고.(사람들 웃음) 내가 오늘 왜 빨리 얘기를 못 끝내는지 모르겠습니다. 안녕히 가십시오. 수고했습니다.(사람들 박수) 감사합니다. 안녕히 가세요.

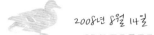

그의 열정은 어디에서 오는가

안영배 ∘ 전 국정홍보처 차장

　　전국에 폭염이 기승을 부리던 지난 8월 9일 봉하마을은 이른 아침부터 시끌벅적했습니다. 친환경 생태 마을 만들기에 앞장서고 있는 전통테마마을추진위원장인 김호문 씨가 새벽부터 산비탈 장군차밭에서 제초 작업을 하다 말벌에 쏘여 병원에 실려 간 것입니다. 119 구조대가 출동해 때 아닌 말벌집 퇴치 작업이 벌어졌습니다. 김정호 전 비서관 등 봉하마을의 자칭 '들판팀'은 생태 연못 주변 제초 작업에 투입돼 화(?)를 면했습니다.

　　봉하마을의 여름은 무척 따갑습니다. 이글거리는 햇볕을 피해 자신도 모르게 발걸음이 그늘을 향합니다. 그런 날, 그것도 가장 무더운 오후 2시. 대통령 사저 앞에선 이색적인 풍경이 연출됐습니다.

한여름 봉하마을의 이색 풍경

대통령은 모자만 쓴 채 뜨거운 햇살 아래 서 있습니다. 때로는 목소리를 높이며 한 시간 가까이 말을 이어 갑니다. 전국 각지에서 모인 방문객들은 웃기도 하고 박수도 치면서 연신 흐르는 땀방울을 닦아 냅니다. 그러나 대부분 자리를 떠나지 않습니다. 한여름 뙤약볕 아래서 강사도 청중도 보통 지극정성이 아닙니다. 누구의 말대로 돈 받고 하는 일이 아니라서, 누가 강요한 게 아니라서 가능한 상황인지도 모르겠습니다.

재임 시절을 회고할 때 가장 아쉬움이 남는 부분이 무엇이냐고 방문객들이 소회를 묻습니다. 대통령은 복지 정책과 관련해 분배 대통령이라고 공격을 많이 받았는데 실제로 분배 대통령 노릇을 확실히 해 봤더라면 하는 아쉬움이 든다고 말했습니다. 딴에는 한다고 했는데 충분치 못했고 많이 부족했다고 심경을 밝힙니다. 이어 부동산 정책과 교육 정책에 대한 여러 소회를 밝혔습니다.

국회가 걱정이라는 질문에는 미국산 쇠고기 수입 논란과 관련해 가축 전염병 예방법을 고쳐서 입법으로 해결하는 방법을 예로 들며 국회의 역할이 중요하다고 공감을 표했습니다. 오후 2시 방문객과의 만남에서는 음식 이야기에서 시작해 균형 발전, 부동산, 교육, 경제, 남북 관계까지 많은 이슈에 대해 대통령의 '즉석 강연'이 이루어졌습니다.

뙤약볕 아래 열리는 '민주주의 학교'

대통령이 귀향한 후 많은 사람들이 봉하마을을 찾았습니다. 시간이 지나면 줄어들 거라고 생각했습니다. 그러나 6개월도 안 돼 55만 명을 넘어선 방문객 수는 좀처럼 줄어들 기미가 보이지 않습니다. 한여름 휴가철인 요즘도 평일 2000명, 주말엔 2500명 안팎의 사람들이 몰립니다.

"20대 못지않은 열정이 살아 있으신 듯하다." 한 방문객의 말처럼, 더 예상치 못했던 건 대통령의 '열정'이었습니다. 참여정부에서 일하며 5년 내내 때로는 감탄하고 때로는 버거웠던 터라 대통령의 열정은 잘 알고 있습니다. 그러나 한여름 뙤약볕 아래서 '민주주의 학교'를 열고 강연하는 현장을 보고는 또다시 감탄했습니다. 한편으론 옆에 서 있기만 했는데도 웃옷이 흠뻑 젖는지라 대통령이 너무 무리하는 건 아닌지 걱정도 많이 됐습니다.

대통령은 8월부터 매일 오전 11시와 오후 4시, 6시, 세 차례에 걸쳐 한 번에 적게는 200~300명, 많게는 400~500명의 방문객을 대상으로 40~50분 안팎의 강연을 하고 있습니다. 게다가 지난 9일처럼 예정에 없던 인사까지 하게 되면 하루 네 차례 이상의 '뙤약볕 강연'을 소화해야 됩니다.

이날 오후 2시 인사는 적잖은 방문객들이 너무 오래 기다릴 것 같다는 보고에 대통령이 "내가 한 번 더 하지." 하고 나서면서 생긴 일정입니다. 어떤 이유든 너무 강행군이 아닌가 하는 생각에 대통령께 '강연' 하는 이유를 물어봤습니다.

"(방문객들에게) 봉하마을 자연 생태계 얘기를 하다 보면 오늘의 팍팍한 현실에서 희망을 찾을 수 있는 메시지를 듣고 싶어 하는 질문들이 많이 나옵니다. 찾아온 손님들이 무엇을 바라는지를 보다 보니 그런 주제로 갔습니다. 그분들이 알고 싶어 하는 현안에 대해 세세하게 설명할 수는 없지만 바닥에 깔린 원론이라도 설명하려고 합니다."

대통령은 "사람들이 주요 내용을 다 기억하지는 못하더라도 문제의식을 갖는 것이 중요하다."며 이런 문제의식이 자연스럽게 자기 학습의 계기가 됐으면 하는 바람을 가지고 있습니다. 너무 힘들지 않느냐는 물음엔 "물론 상당히 고달프다."면서도 "손님들이 애써 왔는데 얼굴만 삐쭉 보일 수는 없지 않나. 아이들을 데리고 몇 시간씩 걸려 찾아오는 손님들에게

최선을 다하지 않을 수가 없다."고 말합니다. 대통령은 그것을 아무리 힘들어도 해야 하는 사람 간의 관계와 도리로 생각하고 있는 듯합니다.

경제 위기보다 풀기 어려운 게 양극화

오후 4시. 앞줄에 선 어린이들이 천진난만하게 떠들자 대통령의 장난기가 발동했습니다. "자네, 대통령이 뭔 줄 아나." "이놈들아, 조용히 좀 해라. 할아버지 얘기 좀 하자." 방문객들 사이에서 웃음꽃이 터집니다.

방문객들이 경제가 어렵다고 하자 대통령은 "앞으로 좋아질 것"이라며 위로합니다. 국가 경제의 시스템이 붕괴된 1998년에도 엄청난 고통을 겪었지만 국민이 단합해서 위기를 극복했고, 2003년에도 신용 불량자 문제로 상당히 어려웠지만 잘 넘겼다며 우리 국민이 위기를 잘 넘겨 왔음을 상기시켰습니다.

이번 어려움은 국제 투기 자본의 농간으로 인한 기름과 원자재값 널뛰기가 주요 원인인 만큼 예전의 위기보다는 상황이 훨씬 나으며, 참여정부 때도 국제 유가가 세 배 정도 올랐지만 잘 견디어 왔던 점 등을 들어 극복할 수 있는 난관이라고 진단합니다. 다만 정부가 빠른 회복을 보여 주려고 무리하게 '각성제'나 '흥분제'를 쓰지 말아야 한다고 충고합니다.

대통령은 진짜 문제는 양극화라고 지적했습니다. 분배와 고용과 성장이 선순환 되는 새로운 국가 전략의 필요성, '작은 정부' 주장의 허구, '양극화 교육'에 대한 우려도 설명합니다. 오후 4시 '강연'은 제주도 어린이집에서 온 아이들과 방학을 맞아 부모님과 함께 온 학생들을 위한 눈높이 조언으로 끝을 맺었습니다.

"훌륭한 사람이 되려면 지금 해야 하는 작은 일을 잘해야 합니다."

"앞으로는 시키는 대로만 하고 시험만 잘 치는 사람이 아니라 스스로 알아서 할 일을 찾아서 할 줄 아는 사람이 성공하는 시대가 될 겁니다. 학원은 시키는 일만 잘하는 사람을 만듭니다. 학교생활을 잘해야 합니다."

강자의 횡포를 막지 못하는 현실 안타까워

오후 6시. 한낮의 무더위는 한풀 꺾였지만 아직도 햇살이 따갑습니다. 대통령은 봉하마을을 생태 마을로 만들고 싶다는 바람을 얘기합니다. 도시에 사는 사람들이나 다른 마을에 사는 사람들이 와서 보고 괜찮다는 느낌을 받을 수 있도록 생태 환경을 최대한 복원시키고 싶다고요.

물가와 경제, 양극화 문제와 관련해선 '지속 가능한 성장'의 중요성을 강조했습니다. 환경과 안전, 노동과 인권, 공정 거래 등에 관한 규제가 없다면 시장은 강자의 횡포를 막을 수 없고 약자들을 보호할 수 없게 될 것이라고 설명합니다. 그러나 그렇지 못한 현실이 안타까운 듯합니다.

"참여정부에선 공정거래위원회가 힘깨나 썼는데 요새는 감사원이 힘을 쓰고 있는 것 같다."며 "감사원이 아니라 공정거래위원회가 힘을 쓰는 세상이 국민에게 훨씬 좋은 세상"이라고 말합니다.

이어 논란이 되고 있는 감사원의 행태와 관련해선 "감사원이 권력 기관으로 등장하리라곤 꿈에도 생각지 못했다."며 "감사원이 나와서 언론의 군기를 잡는 시대쯤 되면 그것은 퇴보"라고 잘라 말했습니다. 오후 6시 '강연'에서 마지막으로 언급한 것은 요즘 뜨거운 쟁점인 KBS 문제였습니다. 사회적 이슈에 대해서는 가능하면 구체적으로 언급하지 않는 대통령이지만 도저히 상식적으로 이해하기 힘들다고 생각한 것 같습니다.

"정연주 사장이 배임을 했다는데 배임을 했다고 가정하면 부당하게 이득을 본 사람은 국민입니다. 상대가 정부니까요. KBS와 정부의 소송에서 합의를 해서 KBS가 손해를 봤다면 덕을 본 건 정부죠. 정부가 덕을 봤으면 그것은 국민에게 이익이 아니겠습니까? 정부가 덕을 보고 국민이 덕을 봤는데 정부에서 그걸 문제 삼고 있습니다. 참 해괴한 논리입니다. 거기서 감사원이 총대를 메고 나섰습니다. 역사는 그런 것 같습니다, 앞으로 갔다 뒤로 갔다. 국민이 눈감고 있으면 계속 뒤로 갈 수도 있습니다."

"나는 약자를 지키는 파수꾼이 좋습니다"

10일 오전 6시. 대통령 내외와 전날 서울에서 온 백종천 전 안보실장, 성경륭 전 정책실장, 문정인 전 동북아시대위원장, 이재정 전 통일부 장관 등 20여 명이 사저 앞에서부터 봉화산 등산길에 올랐습니다. 대통령이 앞서 가며 조선 시대 봉화 제도부터 시작해 봉화산과 봉하마을을 둘러싼 갖가지 사연과 역사를 맛깔스럽게 설명합니다. 더 해박한 '봉하마을 가이드'를 찾기는 어려울 것 같습니다.

40분 만에 정상에 오르니 오른쪽으로 진영읍에서부터 왼쪽으로 화포천까지 봉하마을을 둘러싼 풍광이 드넓게 펼쳐집니다. 짙푸름을 더해 가는 들녘에 놓인 20여 개의 노란 오리집도 한눈에 들어옵니다. 대통령은 자주 오르면서도 항상 봉화산 정상에 서면 감회가 남다른 모양입니다. "생태 숲, 생태 농장, 생태 습지…. 사람들을 풍요롭게 해 주고 기쁘게 해 주는 자연을 만들고 싶습니다." 대통령이 생각하는 봉하마을의 비전입니다.

"봉화산은 학산이라고도 하는데, 맞은편 산은 뱀처럼 생겼다고 뱀산이라고 합니다. 그 사이에 개구리처럼 생긴 개구리산이 있습니다. 보이시죠. 흡사 뱀이 개구리를 노리고 있지만 학 때문에 못 잡아먹고 있는 형세입니다. 나는 약자인 개구리를 지키는 파수꾼 학이 좋습니다."

이번에 알게 된, 대통령이 봉화산을 좋아하는 또 하나의 이유입니다.

　정상 바로 아래에 있는 사찰 정토원에서 아침 공양을 했습니다. 산 내음 가득한 나물들과 묵은지, 호박잎국이 일품입니다.

　갈대숲인 자은골을 돌아 내려오는 하산 길에선 대통령이 앞서 가며 발로 갈대 밑동을 밟아서 뒷사람들이 걷기 편하게 만들어 줍니다. 물억새와 산억새의 차이를 설명하던 대통령은 뒤를 돌아보며 갈대숲을 그대로 두는 게 좋을지, 갈대가 없는 곳은 야생화 단지를 만드는 게 좋을지 의견을 묻습니다. 봉하마을을 어떻게 하면 친환경적으로 바꿀 것인가에 대한 아이디어가 오가는 사이에 어느덧 마을 저수지가 나오고 사저가 보입니다.

보수의 거짓말과 진보의 가치

오전 11시. 대통령이 사저 앞에 모습을 나타내자 박수와 함성이 쏟아집니다. 많은 방문객이 대통령의 사진을 찍기 위해 손에 휴대폰과 카메라를 들고 있습니다. 대통령은 봉하마을에 산수유와 개나리를 많이 심으려한다면서 볼거리와 할거리가 풍성해질 1년 뒤, 2년 뒤, 그리고 5년 뒤의 모습을 소개합니다. 친환경, 유기농에 대한 꿈을 펼칩니다.

화두는 자연스럽게 우리에게 닥친 어려움을 극복할 수 있을 것인가, 우리 아이들에게 밝은 미래를 만들어 줄 수 있을 것인가로 넘어갔습니다.

"성장만 하면 분배는 절로 된다, 이건 80년대까지의 논리고 상당 부분 사실이었습니다. 그러나 이제는 달라졌는데도 옛날 노래를 계속 부르고 있습니다. 세금 깎아 주면 경제가 성장한다, 작은 정부를 만들어야 경제가 성장한다, 이건 보수의 논리로 전혀 사실이 아닙니다. 민영화하면 경제가 활성화된다, 이건 절반은 맞고 절반은 거짓말입니다. 깊이 따져 봐야 합니다. 민영화하면 공공요금도 내리고 효율성도 올라간다, 이건 아닙니다. 센 놈만 밀어줘라, 이건 그들만의 세상을 만들겠다는 것인데 결코 좋은 세상이 될 수 없습니다. 그러나 이런 것들이 보수의 금과옥조입니다."

대통령은 보수 언론과 보수 진영에서 시도 때도 없이 '친북' '좌파' '빨갱이'로 매도하는 진보의 개념을 분명하게 설명합니다.

"왕과 귀족이 누리던 권리를 모든 국민이 함께 누리는 사회로 가는 것, 인간의 권리가 확대되어 나가는 게 역사의 진보라고 생각합니다. 자유와 평등이 꽃피는 사회를 만드는 것, 그게 진보입니다. 진보의 철학은 연대입니다. 가난한 사람끼리 의지하고, 힘 있는 사람과 가난한 사람이 의지하고, 서울 사람과 지방 사람이 의지하는, 그래서 모든 사람이 의지하고 협력하는 사회가 진보의 가치입니다."

국민이 보수의 거짓말을 낱낱이 알아야, 자기의 이익을 정확하게 판단할 수 있어야 우리 사회의 민주주의가 발전하고 진보한다고 강조하면서 대통령은 '즉석 강연'의 마지막을 당부로 끝냅니다.

"보수도 아니면서, 기득권도 없으면서 보수의 노래를 따라 불러서는 안 됩니다. 나한테 손해가 되더라도 나라가 잘된다면 따라 불러야죠. 그러나 그렇게 해서는 절대로 나라가 잘되기 어렵습니다."

민주주의는 진보를 향해 나간다

이번에 봉하마을을 다녀오면서 많은 생각을 했습니다. "시민의 한 사람으로 시민들과 함께 국가의 먼 미래와 장기적인 비전을 찾기 위한 긴 여정을 시작하신 듯하다."는 김경수 비서관의 말처럼 대통령은 봉하마을 방문객들과 함께 우리 사회의 민주주의와 진보를 어떻게 볼 것인가에 대한 소통에 들어간 것 같습니다. 강물은 갈지자로 때로는 거꾸로 흐르기도 하지만 결국 바다로 가듯, 민주주의도 진보하다가 퇴보하기도 하지만 길게 보면 반드시 진보를 향해 나아간다는 믿음이 그 바닥에 깔려 있습니다.

이를 위해 우리 아이들이 사회에 나설 20년 후를 생각하는 국민 의식이 필요하고 적어도 20년 뒤를 내다보는 성장 전략이 필요하다는 당부를 잊지 않습니다. '더불어 사는 사회'에 대한 대통령의 강한 믿음입니다.

"국민이 점점 더 깨고 점점 더 속일 수 없게 되고 있습니다. 국민은 자신들의 정치적 의사를 표현할 수 있고 선택할 수 있습니다. 그 국민이 바라는 것이 정의로운 사회이며, 공정하게 경쟁하고 그 경쟁의 결과 낙오하는 사람들까지 더불어 함께 가는 사회이기 때문에 못 갈 이유가 없습니다. 그런 사회가 와야 하고 반드시 올 겁니다."

촛불 시위도, 뜬금없는 듯한 민간 독재 논쟁도 결국 우리가 그 과정에 있는 것이 아닌가 하는 생각이 들게 하는 한여름 봉하마을의 풍경이었습니다.

오늘 쌀 사 가지 마세요!

방문객 인사 (2008. 10. 26.)

요새 다 장사 안 되는데 봉하 여기 만남의 광장만 장사가 잘되는 것 같아요. 그
죠? ("예!") 이 불경기에, 오늘은 못 나온다고 인터넷에 예고까지 해 놨는데 이렇
게 손님들이 많이 오셨네요. 인사 나오면서 생각을 좀 해 봤습니다. 왜 오늘 손님
들이 많이 왔을까? 아, 봉하 쌀 사러 왔는갑다. 어차피 저는 안 나온다고 했으니
까요. 그래서 노무현보다 봉하쌀이 중요하다. 쌀 사러 오신 줄 알았더니, 쌀은 또
안 산대요!(사람들 웃음) 쌀 파는 줄 몰랐던 모양이지요? ("예!") 그래서 이제 제 생
각이, 쌀 사러도 안 오고 저 보러도 안 오고. 아, 그럼 무작정 왔구나.(사람들 웃음)

봉하 쌀 70퍼센트를 인터넷에서 팔았습니다. 전체 70퍼센트를 인터넷으로 팔
았는데 그건 손님이 많아서 추첨을 했습니다. 그러면 나머지 30퍼센트는 어떻게
하느냐? 여기 현장에서 팔죠. 그런데 이제 개별적으로, 말하자면 뒷구멍으로 좀
사자, 줄서지 말고 안면 가지고 좀 사자, 이러는 사람들이 좀 있습니다. 봉하 쌀
파는 게 공공 행정이 아니기 때문에 누구한테 팔든 그건 아무 문제가 없는데, 제
비서들이 작목반을 하는데 이 사람들 말이 그래도 같은 값이면 공평하게 기회를
준다는 기본 원칙을 지키자 이럽니다. 좋은 거 같죠?

근데 이것 때문에 싸움이 나요. 아는 사람인데 안 주나? 이러거든요. 근데 이
사람들, 안 준다 그러거든요. 대통령이 주라 해도 안 준대요. 서로 대화하고 납득
하고 양해하고, 양해가 안 되면 체면을 봐서 양보도 좀 해야 되는데 말을 안 들어
요. "인마, 대통령이 주라 하면 주는 거지, 비서가 까불어."(사람들 웃음) 이렇게 하

고 싶어도 이렇게 하면 사람이 떠나지요. 공정하게 일하려는 사람들이 "니 혼자 잘해 봐라!"하고 가 버립니다. 콩알 쫙 흩어지듯이 흩어지지요. 하여튼 저 사람들이 "안 됩니다." 하면 저도 어쩔 수 없습니다.

그래서 말씀드리는 건데, 제발 오늘 쌀 사가지 마세요. 왜냐하면 쌀이 좀 남아야 저도 연고 판매를 할 수 있잖습니까, 그죠?(사람들 웃음) 그런데 오늘 인사 나오는데 저 사람들이 저보고 여러분한테 쌀 좀 사 가라 하라고.(사람들 웃음) 우리가 정한 방침이 현장에서 30퍼센트를 소화한다는 거거든요. 팔긴 팔아야 됩니다. 그죠? 그러니까 저 사람들은 여기서 팔아야 된다는 거지요. 근데 저는 친구가 많으니까 되도록이면 공평하게 기회를 드렸다는 명분은 살리고 아는 사람들한테 생색내 가면서 팔면 좋지 않겠습니까, 그죠? 저 사람들은 현장에서 파는 게 원칙이다, 저는 생색내면서 팔아 묵자. 자, 어느 쪽으로 갈까요?(사람들 웃음)

어느 쪽이 좋을지 판단이 안 서지요? 세상엔 판단이 잘 안 서는 일이 참 많습니다. 공정하게 팔고 나면 "아는 사람한테 좀 갈라 팔아야지 그걸 거기서 다 팔았느냐?"고 삿대질 하는 사람이 나오고, 만일에 아는 사람들한테 다 갈라 주고 나면 "공평하게 계획한 대로 팔아야지 그걸 남겨 가지고 뒤로 빼돌렸다."고…. 국정감사 할 때 늘 그러잖습니까?(웃음) 그래서 세상이 힘들기도 하고 재밌기도 하고 그런 거지요.

하여튼 저는 "사 가지 마십시오!", 저 사람들은 "많이 사 가십시오!" 이렇습니다. 여러분은 어쩔 겁니까? 여러분은 마, 알아서 하십시오.(사람들 웃음)

2008년 10월 24일

봉하 오리쌀 '꿀맛'입니다

신미희 ● 청와대 전 홍보수석실 행정관

요즘 봉하마을에서는 가을걷이가 한창입니다. 황금물결로 출렁이던 마을 앞 들녘은 본격적인 벼 베기에 들어갔고 언덕 곳곳의 과수원에서는 고운 빛깔로 익은 단감 따기에 여념이 없습니다.

새 '농사꾼'으로 합류한 대통령과 비서실은 더욱 분주합니다. 대통령이 귀향한 뒤 마을 주민들과 함께 친환경 오리 농법으로 농사지은 논에서 첫 수확을 하기 때문입니다.

올해는 14명의 주민이 참여한 가운데 이른바 '봉하농장'으로 불리는 약 8만 제곱미터(2만 4000여 평)의 시범 지역에서 35톤의 쌀을 생산하는 데 성공했습니다.

오리 농법 일등 공신인 2460마리의 오리 농군들과 마을 주민, 전국 각지에서 주말마다 찾아준 자원봉사자들, 대통령을 비롯한 비서실의 '초보 농사꾼'들이 힘을 보탠 결과입니다. 태풍 등 자연재해가 없었던 데다 날

씨까지 좋아 더욱 큰 풍작을 이뤘습니다.

벼도 쑥쑥 아이들도 쑥쑥

봉하마을 친환경쌀 작목반(반장 황봉호)은 지난 10월 15일 이기우 씨 논을 시작으로 추수를 시작했습니다. 18, 19일에는 전국 각지에서 온 100여 명의 자원봉사자들이 벼 베기 체험 행사를 벌였습니다.

6월 6일 자원봉사자 '공채1기'로 손 모내기 체험 때 심은 벼를 직접 거두기 위해 다시 내려온 세 가족의 열정은 매우 인상 깊었습니다. 고사리 같은 손으로 모를 잡던 아이들은 여름내 튼실하게 여문 알곡만큼이나 자랐더군요.

가족 단위로 참석한 체험자들은 옛 방식 그대로 낫으로 벼를 베고 전통 농기구를 활용한 타작, 볏단 나르기, 새끼 꼬기, 메뚜기 잡기 등을 하며 뜻깊은 시간을 보냈습니다. 조용효 이장과 황봉호 작목반장이 강사로 나서 도시민들에게 '농사 경험'을 전수하였습니다. 특히 박물관에나 있을 법한 도리깨(이삭을 쳐서 알갱이를 떠는 농기구), 홀태(벼를 훑어서 탈곡하는 농기구), 족탑식 탈곡기(발로 원통을 돌려 탈곡하는 농기구), 풍구(탈곡한 곡물의 쭉정이, 겨 등을 가려내는 농기구) 등 전통 농기구들이 총출동해 눈길을 끌었습니다.

이 농기구들은 옆 마을의 한림민속박물관에서 빌려 왔다고 합니다. 부산에서 자녀, 손자들과 함께 온 최문길 씨는 "우리야 자라면서 모두 경험했지만 요즘 아이들은 쌀이 어떻게 나는지도 모르는데 오늘 체험이 좋은 공부가 될 것"이라며 어릴 적 기억을 떠올렸습니다.

이날 누구보다 열심히 배우는 사람들이 있었는데 바로 비서실 '초보 농사꾼'들이었죠. '오리 아빠'라는 별명까지 붙은 오리 농법 일꾼 김정호 전 비서관은 콤바인 조작을 배우느라 정신이 없었습니다. 그러자 "비서실 농사꾼 체험 학습 같다."면서 "돈 내고 체험해야 할 사람들은 따로 있는 것 아니냐."는 농담이 나왔습니다.

"고마, 대통령님이 다 하시소"

10월 20일에는 대통령이 직접 콤바인을 몰면서 '오리쌀' 수확에 나섰습니다. 대통령은 "내가 기술자도 아니고 실수하면 어떡하느냐."며 콤바인에 올랐습니다. 사람들이 논 주변으로 몰려들었습니다. 서울에서 내려온 30여 명에 달하는 기자들의 취재 열기가 가을 햇살만큼 뜨겁더군요.

작목반원 이병기 씨에게 조작법을 설명 듣고 난 대통령이 조심스레 콤바인을 움직였습니다. "우웅" 엔진 소리와 함께 콤바인이 출발하자 "와" 하는 함성이 터져 나왔습니다. 잠시 후 잘 나가는 듯하다 콤바인이 멈췄습니다.

이병기 씨가 걱정스런 표정으로 뛰어나갔습니다. 이리저리 콤바인을 살펴보던 대통령이 다시금 운전대를 잡았습니다. 이번엔 제대로 길을 잡아 나갑니다. "춤을 춰서 그렇지 잘하네, 에스 라인으로 간다." '초보 농사꾼' 치곤 대통령의 콤바인 운전 솜씨가 뛰어나다고 한마디씩 거듭니다.

대통령의 초·중학교 후배인 이기우 씨가 농을 던집니다. "대통령님이 다 하시라 카고 우리는 밥이나 묵자." 다른 주민은 "또 한 사람 직업 잃게 생겼다."며 웃습니다. "고마, (대통령님이) 다 하시소."라는 주문도 나왔습니다.

봉하 들판의 추수 잔치

한바탕 웃음 속에 대통령의 콤바인 시운전
이 끝났습니다. 곧이어 햅쌀로 밥과 떡을 지
어 풍년의 기쁨을 나누는 마을의 '추수 잔
치'가 조촐하게 벌어졌습니다.

먼저 봉하농장 햇찹쌀로 인절미를 만드는
'떡메 치기'가 시작됐습니다. 대통령이 떡메
를 잡았습니다. 수십 번 떡메를 치자 인절미
모양이 살아납니다. 전날 서울에서 내려왔다
는 60대 방문객은 "50년 만에 떡메를 쳐 본
다."며 추수 잔치의 신명을 즐겼습니다.

벼를 막 베어 낸 들판에서는 봉하마을 부녀
회가 밥을 짓고 국을 끓였습니다. 대통령 사
저의 가마솥 두 개도 첫 나들이를 했습니다.
대통령은 작목반원, 주민들, 기자들과 함께
들판에 자리를 잡고 즉석에서 지은 밥, 떡,
국과 막걸리로 점심을 먹었습니다.

가마솥에서 갓 지어낸 봉하 햅쌀밥은 그야

말로 '꿀맛'이었습니다. 밥알 한 알이 머금은 투명한 윤기와 찰기는 보기만 해도 군침이 돌더군요. 구수한 밥 향기까지 더하자 너도나도 수저를 찾았습니다. 봉하 일품요리로 손꼽히는 특별 메뉴 '삶은 돼지고기'는 여전히 인기가 높았죠.

왁자지껄한 가운데 여기저기 음식을 나르는 부녀회의 손길이 바쁩니다. 마을 잔치 때마다 일을 치르느라 고생이 많지 않느냐고 물으니 부녀회장은 손사래를 칩니다. "마을에서 처음 해 본 오리 농법이 잘돼서 기분도 좋고 손님들이 이래 많이 오니까 즐겁지 않습니꺼. 재미로 하는 기지, 일로 생각하면 몬합니다." 어디선가 "우리 아지매들 없으면 (봉하의) 일이 안 된다."는 목소리가 들려옵니다. 그런데 음식 맛보다 더 후하게 인정을 베푸는 부녀회도 봉하마을의 돼지고기 삶는 비법만은 "비결이 따로 있다."고 할 뿐 절대로 가르쳐 주질 않더군요.

쌀 사는 게 '로또 당첨' 만큼 어렵네

두 시간여의 '추수 잔치'가 끝나고 사람들은 각자 자리로 돌아갔습니다. 작목반원들과 자원봉사자들은 일곱 대의 콤바인을 투입해 '봉하 농장' 오리쌀을 본격적으로 걷어 들였습니다. 신형 콤바인으로 500제곱미터의 벼를 베는 데는 몇 분이 걸리지 않았습니다.

봉하 농장 추수는 이틀 만에 끝났습니다. 쌀의 신선도와 품질을 유지하기 위해 신속 건조, 신속 도정을 거쳐 10월 25일부터 봉하마을 광장에서 현장 판매를 하였습니다. 시범 농사를 지은 올해 전체 오리쌀 생산량은 35톤 정도로 대량 판매를 하기엔 적습니다.

그래서 작목반이 결정한 판매 방식은 '소량다매(小量多賣)'. 대통령이 귀향한 뒤 마을 주민과 함께 추진하고 있는 '깨끗하고 아름다운 친환경 생태 마을 만들기'의 첫 번째 성과물인 오리쌀을 더 많은 사람들이 살 수 있도록 1킬로그램씩 소포장 판매하기로 한 것이죠.

개인당 구매량도 1인당 3킬로그램(1박스)으로 제한했습니다. 가격은 시

중 일반미보다 조금 비싼 1킬로그램당 3500원. 농약을 치지 않는 대신 두 달 동안 아침저녁으로 오리 농군들을 풀어 주고 가두는 일을 거르지 않았던 농민들의 노고를 감안한 것입니다. 인터넷 판매로 70퍼센트, 나머지는 현장에서 판매합니다.

추수에 앞서 10월 12일부터 18일까지 〈봉하장터〉 홈페이지(bongha.net) 에서 예약판매를 했는데 이미 신청자가 9800명이 넘었습니다. 미국, 일본, 중국 등 해외에서도 예약이 들어왔습니다. 처음엔 인터넷 판매량을 5000명분으로 잡았다가 7000명분으로 늘렸습니다. 예약률이 높은 탓에 10월 19일 대통령 생가 마당에서는 방문객 500여 명이 지켜보는 가운데 '봉하 오리쌀 구매자'를 추첨하는 진풍경이 벌어졌습니다.

구매자 추첨 다음 날인 10월 20일 봉하 사무실은 쏟아지는 문의 전화로 북새통이었습니다. 판매를 담당한 손성학 씨는 인터넷 예약판매 시작이후 며칠간 집에 들어가지 못하고 밤샘 작업을 했는데 이날은 20초 단위로 걸려 오는 전화를 받느라 목이 다 쉬어 버렸습니다.

당첨 여부에 따라 예약자들의 희비도 엇갈렸습니다. 당첨자들은 '로또 당첨'된 기분이라며 기뻐했고, 낙첨자들은 "쌀 봉투라도 보내 달라."며 아쉬움을 토로했습니다. 몇몇 분들은 전화를 걸어와 "봉하 쌀을 살 수 있는 방법이 도저히 없겠느냐."고 하소연했습니다.

당첨의 행운을 나누자는 훈훈한 제안도 나왔습니다. 세 봉지 중 한 개

는 기회를 놓친 분께, 한 개는 주변의 어려운 분께 주자는 것입니다. 〈봉하
장터〉에는 낙첨자를 위해 쌀을 내놓겠다는 당첨자들이 늘고 있습니다. 수
천 명의 자원봉사자들이 여름내 흘린 땀과 정성이 전달되는 느낌입니다.

오리쌀의 '작은 성공'

봉하 오리쌀의 '작은 성공'은 분명 여러 사람들에게 희망을 주고 있습
니다. 사실 그동안 봉하마을 안팎에서는 대통령과 마을 주민의 친환경
농법 도전에 대한 우려가 적지 않았습니다.

두 달 남짓 짧은 준비 기간에, 제대로 농사를 지어 본 사람이 한 명도 없
는 비서실 사람들과 친환경 농법 경험이 전무한 주민들이 오리 농법으로
벼농사를 짓기로 한 것은 어쩌면 봉하식 '무한도전'이었는지도 모릅니다.

처음에는 친환경 농업에 대한 주민들의 막연한 두려움과 반감으로 어려움을 겪기도 했습니다. AI 파동으로 오리 농군의 입성이 무산될까 봐 마음을 졸였고, 깨끗한 물을 확보하기 위해 오·폐수 제거와 지하수 파기에 나서야 했습니다.

그러나 주민들 스스로 '봉하마을 친환경농업생산단지추진위원회'를 만들어 낮에는 농사짓고 밤에는 친환경 농법을 공부하며 봉하 오리쌀을 탄생시켰습니다. 여기엔 자원봉사자, 각계 전문가 등 많은 사람들의 지원과 협력이 있었습니다.

오리쌀 덕분에 봉하마을은 여러 가지로 변하고 있습니다. 무엇보다 마

을의 생태가 달라졌습니다. 오리 농법을 도입한 논에 우렁, 민물 고동(다슬기), 민물 새우가 모습을 드러냈고 잠자리와 메뚜기들이 가을 하늘을 수놓고 있습니다. 대통령은 벼 사이를 뛰어다니는 메뚜기를 직접 잡아 보면서 "논의 생태계가 살아나고 있다."고 기뻐합니다.

주민들 자신감 얻은 게 가장 큰 수확

가장 큰 변화는 주민들입니다. 이제 주민들은 봉하마을 친환경 농법의 주체로 앞장서고 있습니다.

오리 농법 도입 당시 오리 관리의 번거로움 때문에 못한다고 머리를 흔들었던 이기우 씨. 대통령이 "자네 논은 내가 해 주께." 하는 바람에 마지막으로 합류했죠. 추수 현장에서 만난 그는 "처음에 몰라서 그랬지 (친환경 농법) 해 보니까 아무 문제없더라. 농사도 잘되고 소출도 안 줄었다."며 함박웃음을 지었습니다.

벼 베기 체험 행사에 자신의 논을 선뜻 내놓은 황봉호 작목반장은 "나락을 좀 버리더라도 이런 경험을 해 본 사람들이 한번이라도 더 봉하를 기억하고 찾아 주지 않겠느냐."며 현장 강사로 맹활약했습니다.

조용효 이장은 내년 친환경 농법 확대에 맞춰 농촌 체험 행사를 더욱 다양하게 늘릴 계획이라고 밝혔습니다. "친환경 농법 해가 볼거리도 생기고 체험할 거리도 생기고. 도시랑 농촌이랑 상생도 되고 마을 소득도 늘었심더."

주민들이 할 수 있다는 자신감을 얻은 것이 올해 봉하마을이 거둔 가장 큰 수확일지도 모릅니다. 농사짓는 방식이 달라지면서 사람들의 마음까지 변하고 있는 것입니다. 봉하마을은 이번 성과를 바탕으로 내년엔 마을 앞 들판 전체를 친환경 농법으로 농사짓기로 했습니다.

재배 면적은 올해의 열 배인 80만 제곱미터(약 24만 평)로 확대되고, 경작자가 50여 명으로 늘어납니다. 생산량도 열 배 정도 늘 것으로 예상돼 대량 판매도 가능해질 듯합니다.

그러나 오리쌀의 '작은 성공'은 봉하마을이 친환경 생태 마을로 거듭나기 위한 과정에서 걸음마를 뗀 정도입니다. 안전한 먹을거리와 생명이 살아 숨 쉬는 농촌을 만들기 위해서는 아직 더 많은 노력이 필요합니다. 그 길에는 땀 흘리는 주민들이 있습니다. 그리고 주민들과 항상 함께하는 대통령이 있습니다.

끝나지 않은 노무현의 꿈

김경수

'따뜻한 봄'은 오지 않았다

2008년 2월 25일, 대통령이 퇴임하고 고향 봉하마을로 돌아온 날이다. 그날만 2만~3만 명의 환영 인파가 봉하마을을 찾았다. 5년간의 고생을 위로하고 귀향을 축하하는 자리이니 평일임에도 꽤 많은 분들이 먼 길을 온 것이려니 생각했다. 그런데 신기한 일이 일어났다. 다음 날부터 하루에 수천 명 넘는 사람들이 대통령을 보겠다고 봉하마을을 찾기 시작했다.

대통령 사저가 완공되긴 했어도 손볼 일이 많았다. 청소를 제대로 하지 못한 채 짐부터 풀어 놓아 대통령 내외가 사용하는 공간은 물론 비서진이 쓸 사무 공간도 정신이 없었다. 봉하마을을 찾은 분들이 이런 사정을 알 리 없었다. 귀향한 대통령을 보겠다고 전국에서 온 사람들이 사저 앞에 진을 쳤다. 삼삼오오 모이기 시작하면 어김없이 손나팔을 만들어 "대통령님 나와 주세요!"를 외쳤다. 방문객들의 외침은 아침 일찍부터 저녁 늦게까지 계속됐다.

대통령은 그 소리에 놀라 현관에 나가 한 번씩 손을 흔들기도 했다. 많은 분들이 모여 있으면 사저 밖으로 나가 인사를 하고 들어왔다. 열흘 뒤부터는 오전과 오후에 한 번씩 시간을 정해 인사를 나갔다. 언제 나오시느냐는 문의가 많아 사저 앞에 별도 공지문까지 붙였다. 결국 며칠 지나지 않아 방문객 인사가 대통령의 주요 일정이 됐다.

봉하 방문객이 급증하면서 귀향한 퇴임 대통령의 생활에 대한 관심은 더 높아졌다. 홈페이지를 통해 근황을 묻는 사람부터 이런저런 질문을 하는 사람들까지 다양한 문의가 쏟아졌다. 마침 봉하에 내려온 지 보름여 지났을 때 마을 복지관 개관식이 열렸다. 대통령은 주민들과 첫 상견례를 하고 뒷산 청소도 했다. 그날의 일정과 활동을 일기 형식으로 정리해 홈페이지에 올렸다. 봉하일기 1편 '봉하마을에 전입신고 드립니다'였다. 완성도가 높지 않은 글이었는데 순식간에 수만 명이 조회하는 '사건'이 벌어졌다. 10만 명 넘는 분들이 읽었다. 그때부터 대통령의 활동을 주제나 소재별로 정리해서 알릴 필요가 있겠다 싶었다. 기록으로도 의미가 있을 터였다. 그것이 봉하일기의 시작이었다.

대통령은 잘 이해가 안 간다는 반응이었다. 퇴임 후 조용하게 살겠다고 고향에 내려왔는데 왜 이렇게 많은 사람들이 자신에게 관심을 쏟고 봉하를 찾아오고 홈페이지에 들어오는지 선뜻 이해하지 못했다. 이후 봉하일기는 1~2주일 단위로 봉하 소식을 알리는 곳이자 퇴임한 대통령과 시민들의 소통 공간이 되었다.

대통령은 퇴임을 준비하면서 생각했던 여러 구상을 비서진과 논의하면서 이런저런 일을 벌여 나갔다. 마을을 아름답게 가꾸기 위해 자원봉사자들과 마을 청소를 하고, 주민들과 친환경 농사를 어떻게 하면 좋을지 상의하고, 시민의 한 사람으로 돌아가서 시민민주주의 발전을 위해 〈민주주의 2.0〉이라는 토론 사이트를 만드는 등 짧은 시간에 다양한 일을 추진했다.

그러나 봉하일기는 오래 가지 못했다. 2008년 10월 말 16편에서 멈췄다. 11월이 되면서 대통령과 주변 사람들에 대한 검찰 수사 등 압박이 본격화됐다.

12월 5일 대통령은 형님 사건에 대해 입장을 밝혔다. "따뜻해지면 다시 인사드리러 나오겠다."는 인사를 마지막으로 방문객 인사를 중단했다. 더 이상 방문객들과 만나기 어렵다고 판단한 것이다. 대외 활동도 어려워졌다. 대통령 활동을 정리해 홈페이지에 올리는 일이 무의미해졌다. 대통령은 사저에서 민주주의 연구와 『진보의 미래』 집필에 몰두했다. '따뜻한 봄'은 오지 않았다.

모든 걸 지고 가셨다

"저의 집 안뜰을 돌려주세요."

대통령이 2009년 4월 21일 홈페이지에 쓴 글이다. 봉하마을은 몇 달째 취재진에게 점령된 상황이었다. 대통령은 칩거를 넘어 연금 수준의 생활을 했다. 사저 밖으로 나갈 수도 없고 손님조차 자유롭게 왕래하지 못했다. 집이 감옥이 돼 버렸다. 홈페이지에 그런 글을 올려야 할 정도로 인간적 모멸과 정권 차원의 핍박을 당했다. 자신이 당하는 것보다 가까운 주변 사람들이 고통받는 것을 더 힘들어했다. "여러분은 저를 버리셔야 합니다."라는 글을 홈페이지에 올리기도 했다. 그 모든 걸 지고 가셨다.

5월 23일 새벽. "대통령님이 위독하시다."는 문용욱 비서관의 연락을 받고 진영읍 세영병원으로 출발했다. 느낌이 이상했다. 혹시나 하는 불길한 예감이 들었다. 사저에 먼저 들렀다 가겠다고 다시 연락을 했다. 박은하 비서관이 와 있었다. 거실 컴퓨터에서 대통령의 유서를 발견했다. 출력을 했다.

대통령은 세영병원에서 부산대 병원으로 옮겨졌다. 기자들이 많았다. 의료진이 끝내 대통령이 운명하셨다고 확인해 주었다. 기자회견을 해야 한다고 했다. 발표문 초안을 썼다. 문재인 비서실장이 서거 사실을 발표했다. 기자들에게 대통령의 유서를 나누어 주었다. 무슨 정신으로 그런 일들을 처리했는지 모르겠다. 장례 기간 내내 마음 놓고 펑펑 울지도 못했다. 문재인 실장도, 문용욱 비서관도, 봉하에 있던 다른 비서들도 울음을 속으로 삼켜야 했다.

그랬던 사람들에게 이상한 '증상'이 생겼다. 지금도 전혀 뜻하지 않은 상황에서 갑자기 울컥 눈물이 쏟아지곤 한다. 아직도 슬픔을 다 삭이질 못한 것 같다.

대통령은 담배를 피우셨다. 끊으려고 해 보기도 하고 줄이려고도 해서 대통령이 갖고 있지 않고 비서들에게 맡겨 놨다. 비서실 문을 벌컥 열고 들어오면서 "담배 한 대 주게." 그러면 재떨이와 담배 한 개, 라이터를 드렸다. 서거하고도 꽤 오랫동안 환청 같은 게 들렸다. 대통령이 문을 열고 들어오거나 인터폰으로 "경수 씨, 담배 한 대 주게."라고 하는 목소리가 계속 들렸다. 돌아보면 아무도 없었다.

여전히 봉하를 지키는 사람들

서거하신 그해에는 대통령을 보내 드리는 게 제일 큰일이었다. 장례를 치르고 유언에 따라 집 가까운 곳에 묘역을 마련해 안장하고 사십구재를 지냈다. 다른 일을 돌볼 겨를이 없었다. 그럼에도 그 사이에 김정호 비서관을 비롯해 마을 가꾸기 사업을 담당했던 비서진은 주민들과 함께 친환경 농사를 지었다. 장례가 끝나자마자 바로 모내기를 시작했다. 서거라는 충격적 사건에도 대통령이 시작했던 일을 이어 가려는 노력이 계속됐다.

대통령은 두 가지 꿈을 갖고 고향에 내려왔다. 봉하마을을 아름답고 살기 좋은 농촌 모델로 만들어 전국으로 확산하는 일, 시민의 한 사람으로 돌아와 깨어 있는 시민들과 함께 시민민주주의 실현을 위해 노력하는 일, 그렇게 두 가지였다. 대통령이 앞에서 이끌고 우리는 뒤에서 실행했다. 그런데 앞에서 이끌어 가던 대통령이 갑자기 사라졌다. 이 일들을 누가 책임지고 해 나갈 것인가. 그러나 서거 100일째 되는 날 안장식을 치를 때까지는 대통령의 빈자리를 돌아볼 겨를도 없었다.

안장식을 치른 뒤 퍼뜩 정신이 들었다. 대통령이 봉하에 심어 놓은 꿈들을 어찌할 것인가? 살아남은 우리의 몫이었다. 대통령은 없어도 대통령의 꿈은 기필코 이루어 내야 했다. 우리는 신발끈을 다시 동여맸다.

대통령을 좋아했던 사람들은 여전히 봉하를 쳐다보고 있었다. 안장식 이후에도 엄청나게 많은 분들이 계속 봉하를 찾아왔다. 주말이면 자원봉사자들이 넘쳐 났다.

봉하에 심은 대통령의 꿈을 결코 접을 수 없었다. 대통령의 꿈이 비서진의 필생의 업이 되었다. 무슨 일이 있어도 실현해야 했다.

당장 친환경 농사를 지어야 하는 마을 주민들이 불안해했다. 대통령도 없는데 비서들이 봉하에 남아 있겠나? 친환경 농사 면적이 2008년보다

10배 늘어난 80만 제곱미터(24만 평)나 되는데 제대로 판매가 되겠나? 걱정이 한둘이 아니었다. 친환경 농사를 그만두겠다는 사람도 나오기 시작했다. "우리가 책임지겠다."며 주민들을 설득했다.

우선 재단을 설립했다. 봉하재단부터 만들었다. 대통령 묘역 조성과 복원된 생가를 관리해야 했다. 기념사업을 총괄할 노무현재단은 시간을 갖고 충분히 논의를 거쳐 만들었다. 재단이 생기고 비서들이 계속 봉하를 지키자 주민들의 불안도 조금씩 걷히기 시작했다.

가을에는 봉하마을 친환경쌀 방앗간도 완공했다. 대통령 생전에 계획했던 일이었다. 방앗간을 운영할 '영농법인 봉하마을'도 주민과 비서진이 공동으로 주주가 되도록 만들었다. 영농법인은 애초 대통령과 비서진이 친환경 농사와 마을 가꾸기를 위해 설립했던 것이다. 그동안 친환경 농사를 담당해 온 김정호 비서관이 영농법인 대표를 계속 맡았다.

그해 봉하 들판에서 생산된 쌀은 영농법인이 모두 수매했다. 방앗간에서 도정한 쌀을 노무현재단과 〈사람사는 세상〉 홈페이지 회원들이 적극적으로 사 갔다. 덕분에 마을 주민들의 걱정을 털어 낼 수 있었다. 대통령은 계시지 않아도 친환경 농사와 마을 가꾸기는 계속 된다는 믿음을 심어 줬다.

그렇게 신뢰가 쌓이자 인근 마을 주민들도 친환경 농사에 참여하고 싶다는 뜻을 밝혔다. 처음부터 요청하는 대로 다 들어줄 수 없어서, 2010년에는 시범적으로 20만 제곱미터(6만 평)만 늘려 총 100만 제곱미터(30만 평)에서 농사를 지었다. 친환경 농사가 3년차로 접어들면서 시스템이 안착되기 시작했다. 경남도와 김해시에서 우수 생태 농업 단지로 지정되었다. 2011년에는 인근 마을까지 5개 마을, 170여 농가가 참가해 150만 제곱미터(48만 평)로 단지가 확대되었다. 친환경 농법도 단순 무농약에서 화학비료를 일체 사용하지 않는 유기농으로 올라섰다. 주민 소득도 증가했다. 과거 농약을 치며 농사지을 때보다 많게는 1.5배 이상 늘었다. '살기 좋은 농촌 마을'을 향한 대통령의 꿈이 그렇게 영글어 가고 있다.

마을 가꾸기는 주말마다 찾아오는 자원봉사자들이 맡았다. 묘역 옆의 생태 연못을 가꾸고 산책로를 꽃길로 만들었다. 대통령이 손수 심은 마을 뒷산 장군차밭도 빠질 수 없었다. 무성하게 자란 풀을 베고, 말라 죽은 묘목은 새 묘목을 구해 다시 심었다. 여름철 비 온 뒤에는 화포천에 떠내려온 쓰레기를 치우는 일이 큰일이었다. 보트를 타고 들어가 청소를 했다.

봉화산에 '대통령의 길'도 만들었다. 김해시 산림조합의 협조를 받아 대통령이 자주 다니던 산책길을 정비했다. 경사가 급한 곳에는 나무 계단을 놓았다. 안내하는 사람이 없어도 찾을 수 있게 표지판도 달았다. 코스도 여러 개로 늘렸다. 짧게는 1시간 반, 길게는 3시간 코스까지 다양하게 만들었다.

화포천에도 '대통령의 길'을 열었다. 대통령 계실 때 시작한 화포천 주변 생태 공원화 사업이 마무리 단계에 접어들어 생태 탐방로가 생겼다.
화포천을 한 바퀴 돌아보는 데 1시간 반이 걸린다. 봄에는 꽃창포, 가을
에는 갈대밭이 장관을 이룬다.

대통령이 자전거로 다니던 길을 따라 '자전거 도로'도 생길 예정이다.
봉하 들판을 지나 화포천으로 이어지는 길을 따라 생긴다. 노무현재단
후원 회원을 대상으로 하는 1박 2일 봉하캠프의 최고 인기 프로그램이
자전거를 타고 나가 화포천을 돌아보는 일이다.

'아름답고 살기 좋은 마을'을 꿈꿨던 대통령의 구상이 이렇게 서서히
싹을 틔우고 뿌리를 내리고 있다. 더불어 봉하를 찾는 방문객도 늘어나
고 있다. 2010년에는 100만 명을 약간 넘는 분들이 다녀가더니 2011년
에는 150만 명을 훌쩍 넘겼다. 그분들의 기대와 격려가 봉하를 지키는
사람들을 꿋꿋이 버티게 하는 힘이다.

시민민주주의 실현과 민주주의 2.0

시민의 한 사람으로 돌아와, 깨어 있는 시민들과 함께 '시민민주주의
실현'에 이바지하는 것은 대통령의 꿈이었다.

"대통령님, 나와 주세요."를 외치는 방문객들의 요청에 인사를 나가면
그냥 단순하게 인사만 나누는 법이 없었다. 마을 안내로 시작해 진보적

민주주의, 복지, 평화 같은 어려운 주제들을 쉽게 설명했다. 그러다 보면 한 시간을 넘기기가 일쑤였다. 체력에 부담이 없을 리 없었다. 그러나 멀리서 찾아온 분들에게 보여 줄 게 없어 미안한 마음을 그렇게 대신했다. 밀짚모자를 쓴 전직 대통령의 살아 있는 민주주의 교육, 대통령은 방문객과 인사하는 자리도 그렇게 만들었다.

그래도 방문객과의 대화는 제한적이었다. 더 많은 시민들과 함께할 수 있는 방안이 필요했다. 그래서 〈민주주의 2.0〉이라는 인터넷 토론 사이트를 만들었다. 악성댓글 등 인터넷 토론 문화의 문제점이 지적되던 때였다. 대통령은 온라인에서 '공론의 장'을 구현하고 싶어 했다. 그러려면 단순한 댓글이 아니라 객관적 자료와 근거에 기초한 깊이 있는 토론이 이뤄질 수 있어야 했다. 대통령은 그 바쁜 와중에도 토론 사이트 개발에 심혈을 기울였다. 서울에 있는 개발팀이 자주 내려오기 어렵다고 아예 '화상 회의 시스템'을 구축했다. 아무리 바쁘고 힘들어도 〈민주주의 2.0〉 개발 관련 회의는 최우선으로 잡으라고 했다.

참여정부 시절, 청와대에서도 그랬다. 문서와 업무를 온라인으로 관리하는 '이지원' 개발도 대통령의 몫이었다. 일정이 아무리 많고 피곤해도 이지원 개발 회의를 미룬 적은 단 한 번도 없었다. 한번 시작하면 보통 두세 시간을 넘기는 건 보통이었다. 참석자들은 지쳐 가는데 대통령은 시간이 갈수록 생기가 돌았다. 대통령에게 이지원 개발 회의는 '피로를 풀어 주는 취미 생활'이었다. 그런 회의를 연기하거나 취소하는 건 대통령에게 취미 생활의 기쁨을 빼앗는 일이었다.

〈민주주의 2.0〉 개발도 비슷했다. 그러나 훨씬 복잡하고 힘들었다. 이지원은 사용할 대상과 업무가 명확했다. 그러나 〈민주주의 2.0〉은 단지 시스템만 만든다고 끝나는 일이 아니었다. 이슈를 만들어 내고 토론을 활성화해야 했다. 소위 '인터넷 논객'들이 꼭 필요했다. 그래서 노사모 때부터 내로라하던 인터넷 논객들을 봉하로 초청하기도 했다. 토론을 원활하게 하기 위한 시스템도 훨씬 복잡하고 어려웠다. 베타 버전을 내놓고 시험 운영을 하면서 계속 개선해 나가기로 했다.

그러나 대통령이 서거하면서 〈민주주의 2.0〉 개발은 중단되었다. 서거후 시일이 제법 흐른 뒤에 참여정부 학자들로 구성된 '한국미래발전연구원'(미래연)에서 〈민주주의 2.0〉을 다시 맡았다. 그러나 대통령 없이 계속 개발해 나가는 건 불가능했다. 대신 대통령이 〈민주주의 2.0〉을 통해 집중적으로 다루고 싶어 했던 '진보의 미래'를 주제로 책을 냈다.

대통령은 2008년 12월 5일 마지막 방문객 인사 이후에는 〈민주주의 2.0〉에서 사실상 손을 뗐다. 대신 몇몇 참모들과 함께 '진보의 미래와 국가의 역할'에 대한 책 집필에 몰두했다. 집필을 위해 매주 회의를 열고 〈사람사는 세상〉 홈페이지에 비공개 동호회를 만들었다. 직접 원고를 써서 올려놓고 참모들과 회의를 거쳐 계속 수정해 나갔다. 이 역시 대통령이 서거하시면서 미완성인 채로 중단되었다.

그때 대통령이 직접 쓴 원고와 회의에서 말씀하신 내용을 엮어 미래연에서 『진보의 미래』란 제목으로 1권을 냈다. 2권 『노무현이 꿈꾼 나라』는 대통령의 문제 제기에 대한 학자들의 대답이었다. 대통령의 47개 질문에 39명의 학자들이 답을 했다.

대통령이 〈민주주의 2.0〉을 개발할 당시에 지금처럼 트위터와 페이스북이 있었으면 어떻게 되었을까? 가끔 그런 상상을 해 본다. 대통령은 당연히 자신의 트위터와 페이스북 계정을 만들었을 것이다. 〈민주주의 2.0〉에서 제기된 이슈와 토론은 대통령의 트위터와 페이스북을 통해 빠르게 전파되지 않았을까? 〈민주주의 2.0〉의 성공 가능성도 훨씬 높아지지 않았을까? 아쉬움이 남는 대목이다. 〈민주주의 2.0〉이 아니더라도 대통령은 아마 대표적인 파워 트위터리안이 되었을 것이다.

대통령이 없는 지금, 시민민주주의 실현에 대한 대통령의 꿈은 노무현재단, 봉하재단이 맡고 있다. 재단은 기념사업을 통해 대통령의 꿈을 현실로 만들어 가고 있다. 봉하에 임시 기념관인 추모의 집을 만들어, 부족하지만 대통령의 업적과 철학, 가치를 여러 자료와 사진, 영상으로 보고 느낄 수 있게 해 놓았다.

제대로 된 노무현 기념도서관도 봉하에 만든다. '기념관건립기획위원회'(위원장 이창동)에서 맡아 추진 중이다. 서울에는 복합 문화 공간인 '노무현 센터'를 만들 예정이다. 시민들과 직접 만나기 위해 노무현재단은 각 지역위원회와 함께 '노무현 시민학교'를, 미래연에서는 '노무현 정책 학교'를 열고 있다. 봉하마을에도 1박 2일 봉하캠프를 비롯한 다양한 프로그램이 열리고 있다.

노무현 재단의 각종 사업은 '시민 참여'를 통해 이루어진다. 3만 6000 명이 넘는 후원 회원들, 20만 명이 넘는 〈사람사는 세상〉 홈페이지 회원들이 중심이다. 대통령 묘역도 국민참여 박석에 참여한 시민들의 힘으로 조성했다. 5월이 되면 대통령을 추모하는 각종 행사가 시민들의 자발적 참여로 전국 곳곳에서 개최된다.

'시민민주주의 구현'이라는 대통령의 꿈이 궁극적으로 실현되는 것은 결국 시민들이 직접 해내야 할 몫이다. 지난해 10·26 서울시장 보궐선거가 그 단초를 보여 주었다. SNS(Social Network Service)와 '나는 꼼수다'로 대표되는 시민 참여의 새로운 흐름이 '시민 정치'의 영역을 급속도로 확장시켜 가고 있다. 깨어 있는 시민들이 스스로 대통령의 꿈을 현실로 만들어 가고 있는 것이다.

중단되었던 봉하일기는 이렇게 이어지고 있다. 처음 시작한 사람들은 대통령과 비서관들이었지만 이제 봉하일기를 쓰는 주체는 수많은 시민으로 바뀌었다. 대통령이 봉하에 심은 꿈에 물과 거름을 주려는 이들이 봉하일기의 새로운 기록자들이다.

한 사람이 꿀 때는 꿈에 그치지만 무수히 많은 사람들이 꿈꾸면 현실이 된다고 했다. 꿈이 현실로 바뀌는 날까지 봉하일기는 지속될 것이다. 노무현의 꿈을 나눈 모든 이들에 의해.

노무현 대통령 봉하 일지

2008. 2.25.	봉하마을로 귀향하다.
3.6.	화포천을 청소하다.
3.8.	부산 민주공원을 참배하고, 방명록에 "돌아왔습니다. 계속하겠습니다. 거듭 감사드립니다."라고 남기다.
3.12.	봉하마을 복지관 개관식에 참석하고, 마을 주민들과 함께 뒷산을 청소하다.
3.18.	산 가꾸기 모범 사례를 찾아 진주 대흥농장을 방문하다.
3.19.	마을 쓰레기 청소에 나서다.
3.23.	노사모 회원들과 봉화산에 오르다.
	김해 문화의 전당에서 BBC 필하모닉 오케스트라 공연을 관람하다.
3.24.	김해시 생림면에 있는 장군차밭을 돌아보다.
3.25.	마을 뒷산에 장군차를 심은 뒤 마을을 청소하다.
3.27.	마을 뒷산에 장군차를 심다. 이후 5월 말까지 주말이면 자원봉사자들과 함께 마을 뒷산에 장군차를 심다.
4.5~6.	식목일을 맞아 자원봉사자들과 함께 마을 뒷산에 나무를 심다.
4.14~18.	휴가를 떠나다. 가는 길에 우포늪을 방문하다.
4.20.	광주 5.18 묘역을 방문해 참배하고 방명록에 "강물처럼"이라고 남기다.
4.21.	전남 함평을 방문해 '세계 나비·곤충 엑스포'를 관람하다.
4.24.	마을 회관에서 열린 '친환경 농사를 위한 봉하마을 워크샵'에 참석해 오리 농법에 대한 강의를 듣다.
	인근 한림초등학교 학생들이 화포천 지킴이 활동을 하고 있는 현장을 방문해 격려하다.

4.25.	봉하마을 입구 노란 건물에서 열린 '노사모 자원봉사 지원 센터' 개소식에 참석해 방명록에 "강물은 바다를 포기하지 않습니다. 강물처럼"이라고 남기다.
5.2.	모교인 진영 대창초등학교 운동회에 참석해 축사를 하다.
5.3~4.	자원봉사자들과 함께 마을 뒷산에 장군차를 심다.
5.6.	김해시 일반 시민들로 구성된 '가야 팝 오케스트라' 공연을 관람하다.
5.8.	어버이날을 맞아 마을 회관에서 열린 경로 잔치에 참석하다.
5.9.	사저에서 〈민주주의 2.0〉 사이트 개발을 위한 첫 화상 회의를 열다.
5.10~12.	자원봉사자들과 함께 마을 뒷산에 장군차를 심다.
5.14.	진영 읍내에 있는 김해시 청소년 수련원을 방문, 방과 후 학교에 참석하고 있는 저소득층 학생들을 격려하고 구내식당에서 함께 식사를 하다.
5.15.	김해시 생림면에 있는 장군차 제조 시설을 방문해 직접 제다(製茶) 체험을 하다.
5.22.	김해 클레이아크 미술관을 관람한 뒤 도자기를 직접 만드는 운당도요와 정호요를 방문하다.
5.24.	자원봉사자들과 함께 화포천에 참게 치어를 방류하다.
5.29.	진주에 있는 경남 수목원을 방문하다.
6.2.	김해 문화의 전당에서 장사익 공연을 관람하다.
6.5 .	하동을 방문해 녹차 체험장을 돌아본 뒤, 광양의 청매실 농원을 방문하고 매실 따기와 매실 장아찌 만들기 체험을 하다.
6.6.	봉하 들판에서 열린 모내기 체험 행사에 참석하다.
6.7.	양산에서 열린 노사모 총회에 참석해 축사를 하다.
6.14.	봉하 들판 논에 처음으로 오리를 풀어 넣는 오리 입식 행사에 참석하다.
6.15.	비서진, 경호관들과 함께 마을 논둑에 무성하게 자란 풀을 베다.
7.3.	전남 함평을 두 번째로 방문해 봉하마을과 자매결연식을 하고 엑스포 공원과 마을 가꾸기 모범 사례 지역을 방문하다.
7.10.	양산 통도사와 서운암을 방문하고 연꽃 연못을 들러보다.
7.12.	자원봉사자들과 함께 화포천에 메기 치어를 방류하다.
7.13.	경남 스킨스쿠버 동호회 회원들과 함께 직접 배를 타고 화포천을 청소하다.
7.14.	김해시장과 함께 화포천 일대를 돌아보며 화포천 살리기에 대한 의견을 나누다.

7.18.	국가기록원에서 사저를 방문하다.
	이지원(e智園) 기록 일체를 대통령 기록관에 반환하다.
7.21~26.	여름휴가를 가다. 강원도를 방문해 바람마을 의야지에서 풀 썰매를 직접 타 보고 마을 가꾸기가 잘 되어 있는 지역을 차례로 방문하고 돌아오다.
7.30.	밀양에서 열린 여름 연극축제에 참석해 연극 〈팽〉을 관람하다.
8.7.	마을 뒷산에 심은 장군차밭에서 풀을 베다.
8.24.	봉하마을이 있는 본산리의 청년연합 가족체육대회에 참석해 축사를 하다.
8.25.	충북 영동에 있는 포도 농장을 방문해 포도 따기 체험을 하고, 국산 와인 제조 회사인 와인코리아를 돌아보다.
8.27.	봉화산 숲 가꾸기 체험 행사에 참석하다.
8.31.	봉하마을 주민들을 사저로 초청해 '집들이'를 하고 함께 저녁 식사를 하다.
9.2.	진영 공설운동장에서 열린 경남여성농업인대회에 참석해 축사를 하다.
9.4.	비서진들과 함께 마을을 청소하다.
10.2.	서울에서 열린 '10·4 남북정상선언 1주년 기념 학술대회'에서 강연하다.
10.9.	봉하 오리쌀 포장 디자인을 심사하는 회의를 직접 주관하다.
10.12.	진영 공설운동장에서 열린 노사모 운동회에 참석해 축사를 하다.
10.20.	봉하 들판에서 열린 가을걷이 행사에 참석해 직접 콤바인을 운전하다.
10.25.	봉하 오리쌀 판매 현장에 나와 격려하고 도리깨를 비롯한 옛날 농기구를 직접 사용해 보다.
	자원봉사자들이 손수 만든 '마을 정자' 준공식에 참석하다.
10.29.	김해 진례면에서 열린 도자기 축제를 관람하다.
	마을 주민들의 하천 살리기 운동으로 1급수가 된 대포천(김해 상동면)을 돌아 보고, 인근에 있는 산딸기 와인 제조 공장을 방문하다.
10.31.	진주에 있는 신지식 생명순환농법 전시장을 방문하고, 그 농법으로 농사를 짓 고 있는 단감 농장을 방문하다.
11.1.	진영 단감 축제에 참석해 축사를 하다.
11.10.	마을 회관에서 열린 숲 가꾸기 교육에 참석한 뒤 봉화산에서 가진 숲 가꾸기 체험 행사에 참석하다.

11.13.	경남 함양에 있는 노씨 집성촌을 방문한 뒤 '상림 숲'을 돌아보다.
11.14.	모교인 진영중학교 학생들의 축제 개막식에 참석해 축사를 하다.
	김해시에서 열린 한국유기농업인대회 전시관을 방문하다.
11.25~26.	충청남도를 방문해 강경 젓갈 상가와 논산 딸기 농장, 금산 인삼종합전시관과 인삼 가공 업체, 서천 어메니티 복지마을, 전원마을인 등고리마을을 방문하다.
11.30.	봉하마을을 찾아온 경남 지역 외국인 노동자 대표들과 환담을 나누다.
12.5.	마지막으로 방문객들에게 인사를 하다.

그 후 노무현 대통령은 사저에서 2009년 3월까지 참모들과 '진보의 미래'에 대한 책 집필에 몰두했다. 2009년 4월 30일 검찰 조사를 받았고, 5월 23일 서거했다.